Dieu!

Réponse à

Albert Jacquard

Du même auteur

Trop tard?: l'avenir de l'Église d'ici, Ottawa, Novalis, 1999, 232 p.

Dieu le Vivant, Ottawa, Novalis, 1999, 224 p. Traduit en espagnol : *El Dios vivo* (col. El Pozo de Siquem, 134), Santander, Editorial Sal Terrae, 2002, 216 p.

La foi, une étrangère dans le monde moderne?, Montréal, Fides, 1998, 48 p.

Normand Provencher

Dieu!

Réponse à
Albert Jacquard

NOVALIS

Dieu! Réponse à Albert Jacquard est publié par Novalis.

Direction littéraire : Josée Latulippe

Éditique : Christiane Lemire

Couverture : Richard Proulx

Photographie de l'auteur : Denis Brunet

© 2003 : Novalis, Université Saint-Paul, Ottawa.

Dépôts légaux : 4ᵉ trimestre 2003
Bibliothèque nationale du Canada
Bibliothèque nationale du Québec

Novalis, 4475, rue Frontenac, Montréal (Québec), H2H 2S2
C.P. 990, succursale Delorimier, Montréal (Québec), H2H 2T1

Les textes bibliques sont tirés de La Bible TOB. © Société biblique française & Éditions du Cerf, Paris 1988. Avec l'autorisation de la Société biblique canadienne.

Nous reconnaissons l'aide financière du gouvernement du Canada par l'entremise du Programme d'aide au développement de l'industrie de l'édition (PADIÉ) pour nos activités d'édition.

ISBN : 2-89507-460-7

Imprimé au Canada

Catalogage avant publication de la Bibliothèque nationale du Canada

Provencher, Normand, 1938-
    Dieu!, réponse à Albert Jacquard
    Comprend des réf. bibliogr.
    ISBN 2-89507-460-7

    1. Dieu. 2. Foi. 3. Église catholique - Symboles de foi. 4. Religion et sciences. 5. Jacquard, Albert Dieu?. I. Titre.
BL473.P76 2003   211   C2003-941592-9

NOVALIS

Soyez toujours prêts à justifier votre espérance
devant ceux qui vous en demandent compte.
Mais que ce soit avec douceur et respect.

1 Pierre 3, 15-16

Avant-propos

La question de Dieu

Dieu, personne ne l'a jamais vu,
tant mieux!…
Quelle discrétion que celle de Dieu;
il ne s'impose pas, il ne menace pas;
il ne réclame rien;
pour le trouver, il faut le chercher.

Alain Patin[1]

Dieu serait-il en train d'échapper à l'Église? Cette question m'est venue lors d'une rencontre avec Albert Jacquard, au Salon international du livre de Québec le 12 avril 2003. Avec la verve qu'on lui connaît, le spécialiste de la génétique des populations présenta son dernier livre, coiffé du titre le plus court qui soit : *Dieu?*[2]. On m'avait demandé de prendre part à une discussion avec lui sur le thème « Science, croyance et engagements » et de présenter mon livre *Trop tard?*

---

[1] *Dieu, personne ne l'a jamais vu…*, Paris, Les Éditions Ouvrières, 1985, p. 218.

[2] Paris, Stock/Bayard, 2003, 144 p.

L'avenir de l'Église d'ici[3]. Nous avions donc un point en commun sur lequel nous étions d'accord : le point d'interrogation.

L'itinéraire d'un scientifique

Dans son ouvrage, Jacquard interroge la foi catholique reçue dans son enfance et fait le point sur ses convictions religieuses à partir de ses préoccupations de scientifique du XXIᵉ siècle. En considérant son itinéraire spirituel, il discerne trois moments.

« Trop longtemps, j'ai cru ce qui m'était dit » : voilà les premiers mots de son livre qui expriment la foi de son enfance. Cette première étape se caractérise par l'acceptation, sans remise en question, de tout ce que ses parents, ses instituteurs et les prêtres lui enseignaient. C'était normal à l'époque. N'est-ce pas la logique courante de la transmission de la foi que nous recevons en quelque sorte d'autres personnes? En nous rappelant un passé, pas tellement lointain, plusieurs d'entre nous se reconnaîtront dans cette attitude d'acceptation inconditionnelle de ce que la religion catholique enseignait sur Dieu et sur l'au-delà. Les grandes questions sur le monde et sur notre destinée y trouvaient des réponses claires et sûres sans avoir recours à la science.

Avec l'étude des sciences est venu le doute. Les sciences apportent en effet des réponses inédites aux questions fondamentales de l'existence et rendent

---

3   Ottawa, Novalis, 2002, 231 p.

souvent caduques celles que la religion propose. À qui donc faire confiance? Les sciences du XXe siècle, avec Einstein, Bohr, Hubble, Crick et Watson, remettent tout en question. Par leur méthode et leur rigueur, elles suscitent une nouvelle façon de penser apparemment irréconciliable avec celle des religions qui prétendent être détentrices de la vérité et même d'une vérité révélée. Pour Jacquard, il est temps pour les institutions religieuses « d'apporter des ajustements de la formulation des certitudes proposées » et « d'adopter l'attitude du doute qui a été si bénéfique dans l'aventure de la science[4] ». Cette requête interroge la capacité de réforme de l'Église. Que cette institution refuse de modifier ses dogmes, se demande Jacquard, ne relèverait-il pas d'une certaine paresse intellectuelle?

Puis vint l'âge de la recherche d'une lucidité active ou de la reprise de toute son histoire pour mieux saisir le sens de sa vie et, surtout, pour ne pas se contenter de la subir. Les sciences ont transformé les conditions de vie et modifié les rapports entre les humains. Des réformes sont à entreprendre. Mais il faut des objectifs et une conception de l'aventure humaine. Avant d'imaginer des voies encore inexplorées, Jacquard veut « parcourir celles qui nous ont été proposées depuis des millénaires par nos cultures ou nos religions, mais en prenant soin de les critiquer avec un regard neuf[5] ». Puisque son enfance a été modelée par l'Église catholique, le point de départ de sa réflexion est

---

4   Albert JACQUARD, *Dieu?*, p. 14 et 16.
5   Albert JACQUARD, *Dieu?*, p. 18.

spontanément le Credo, celui de la messe du dimanche qu'il a mémorisé[6].

« Et Dieu là-dedans? »

Jacquard présente une étude pour le moins rapide du Credo en parlant du Dieu unique, Créateur et Père, de la conception virginale de Jésus, de la résurrection de Jésus et de la nôtre, de l'Esprit Saint, de la sainteté de l'Église, de la rémission des péchés, pour aboutir finalement à la communion des saints et au Sermon sur la montagne. En terminant la lecture de son livre, j'ai repris la question « rituelle » de nos réunions d'Action catholique d'antan : « Et Dieu là-dedans? » Dans tous les sujets abordés que lui inspire le Credo, Jacquard parle finalement assez peu de Dieu et encore moins du Dieu révélé en Jésus Christ.

Pourtant, le titre du livre est bien choisi et approprié à son contenu, car nous ne pouvons pas expliquer les affirmations du Credo sans y impliquer une certaine

---

6   Il faut préciser que Jacquard commente le symbole des Apôtres, à l'exception de la première affirmation, « Je crois en *un seul* Dieu », qui appartient au symbole de Nicée-Constantinople. Ce Credo a été établi au concile de Nicée (325) et a été complété au concile de Constantinople (381). À la page 127 de son livre, Jacquard note que le texte de ce Credo condamnant l'arianisme, « né de Dieu, vrai Dieu né du vrai Dieu, engendré, non pas créé, de même nature que le Père… », a disparu du texte officiel actuel « comme si une concession avait été accordée à la pensée d'Arius ». Cette formule fait toujours partie du symbole de Nicée-Constantinople.

Jacquard pense qu'il commente le Credo adopté par Nicée (cf. *Dieu?*, p. 19), mais de fait il s'arrête au symbole des Apôtres. Cette autre profession de foi est la plus familière aux chrétiens et chrétiennes et toujours en usage. Même si elle ne vient pas des Apôtres eux-mêmes, elle exprime la foi des premiers chrétiens.

conception de Dieu. Chacun des articles nous parle, à sa façon, du Dieu des chrétiens.

Il est évident que Dieu n'est jamais une réponse claire à toutes nos questions. Il est un profond mystère, n'existant pas comme les humains et les choses de notre monde. Dieu n'est pas quelque part « là-haut », car sa réalité nous enveloppe de toutes parts. Il n'est pas un Dieu utile et taillé à notre mesure, ni un Dieu garant de l'ordre social, encore moins un Dieu en compétition avec les humains et jaloux de leur liberté et de leur autonomie. Pour nous, Dieu demeure toujours une question et il doit le rester.

Dieu est une question inévitable du fait même que le mot « Dieu » existe. Karl Rahner, l'un des théologiens novateurs du XXe siècle, attire l'attention sur l'existence même de ce mot : « Dans ce langage dans lequel et à partir duquel nous avons et assumons en responsabilité notre existence, il y a le mot "Dieu". [...] Ce mot existe; il est là dans notre histoire, et fait notre histoire[7]. » Même l'athée le plus convaincu doit admettre que Dieu existe comme un mot. Du fait même qu'il s'inscrit dans nos langues, ce mot nous interpelle et nous éveille déjà à une certaine transcendance. Rahner pense que si le mot « Dieu » disparaissait, c'est finalement l'être humain, comme être spirituel, qui disparaîtrait : « L'homme alors n'est plus mis en présence du tout unique de la réalité comme telle, et pas davantage du tout unique de son existence comme

---

7   Karl RAHNER, *Traité fondamental de la foi : introduction au concept du christianisme*, Paris, Le Centurion, 1983, p. 65-66. Je suggère de lire toute la méditation sur le mot « Dieu », p. 60-67.

telle [...] Il cesserait d'être homme. Il aurait fait retour à l'animal inventif[8]. » Ce mot « Dieu » nous est donc confié. Mais a-t-il un avenir?

L'un des mérites de l'ouvrage de Jacquard est de maintenir vivant le mot « Dieu », même si plus d'une de ses affirmations font sourciller le croyant.

Le Credo revu par un agnostique

Jacquard, dont on connaît la carrière scientifique et les engagements en faveur des exclus, a pris ses distances à l'égard de l'Église et avoue qu'il est agnostique. La foi est une réalité si intime et si personnelle que je ne pourrais pas me permettre de porter un jugement sur sa relation à Dieu et sur sa conception de l'au-delà. Je n'ai qu'à accueillir son témoignage.

Je ne crois ni à l'enfer, ni au diable. Mais au fond, j'aimerais bien qu'il se produise une rencontre. Je suis donc agnostique, car je ne peux rien dire sur ce qui nous attend ou non après la mort. Je constate qu'au fond de moi, et je ne sais pas d'où cela provient, existe le besoin de quelque chose de plus que l'univers : un au-delà, transcendant l'univers sensible. C'est un besoin, je ne le cache pas; et lors de mes rencontres avec des jeunes, quand ils me demandent si je crois en Dieu, je leur réponds que je ne connais pas le verbe « croire » : un scientifique ne croit pas, il bâtit des modèles, les contrôle, vérifie qu'ils

---

8   Karl RAHNER, *Traité fondamental de la foi*, p. 63.

fonctionnent plus ou moins bien, et les remplace finalement par d'autres s'il en trouve de meilleurs. Pour ce qui est du reste[9]…

Jacquard ne serait-il qu'un scientifique? Il ne se définit pas comme un athée, mais comme un agnostique. Dans une entrevue accordée au journaliste Régis Tremblay[10], il se considère comme un « chrétien pré-nicéen », selon l'expression de son ami Théodore Monod. Un chrétien d'avant le Credo officiel! Je me permets de le considérer comme un chercheur de sens, soucieux de promouvoir les valeurs humanistes. Sa démarche, basée sur le doute — et cela convient à la foi —, ne l'empêche pas de poursuivre une recherche sincère. J'ose tout de même ajouter, en reprenant les mots du romancier Yann Martel, que « le doute est utile pour un temps […] Mais il nous faut aller de l'avant. Choisir le doute comme philosophie de vie, c'est comme choisir l'immobilité comme mode de transport[11]. »

Jacquard a accepté de nous livrer le dialogue que lui, devenu un scientifique, entretient avec l'enfant croyant qu'il a été. Je suggère de lire son ouvrage comme le témoignage de quelqu'un qui cherche à faire le point sur sa vie spirituelle, en jetant des ponts entre les étapes de son itinéraire intellectuel et en se réconciliant finalement avec lui-même. La réalisation d'un tel projet n'est pas sans intérêt. Mais n'allons pas

9   Albert JACQUARD et Axel KAHN, *L'avenir n'est pas écrit*, Paris, Bayard, 2001, p. 45-46.

10   Dans le journal *Le Soleil*, 9 avril 2003.

11   Yann MARTEL, *L'histoire de Pi*, Montréal, XYZ éditeur, 2003, p. 41.

chercher dans son livre un commentaire éclairant sur les affirmations du Credo ou une réflexion pertinente sur Dieu. Surtout n'y cherchons pas l'enseignement de l'Église ni le résultat des recherches théologiques actuelles. Il est tentant de se laisser obnubiler par la tonalité, si recherchée de nos jours, de l'authenticité et de la sincérité des propos contenus dans ce livre. Pour atteindre quelques vérités sur Dieu et trouver un peu de lumière sur le Credo, il est nécessaire de prendre d'autres chemins, beaucoup plus sûrs, que nous tracent l'exégèse biblique, l'histoire et la théologie. Écrire un ouvrage sur Dieu et sur le Credo sans tenir compte des études valables récentes, c'est tout un exploit, voire une fantaisie, qui peuvent susciter la curiosité et même l'admiration. Mais je m'attendais à une réflexion plus profonde et surtout plus documentée de la part d'un homme qui s'est familiarisé durant plusieurs années avec le doute et la rigueur de la recherche scientifique.

Qui écouter?

Le livre de Jacquard met Dieu sur la place publique. Et Dieu suscite encore de l'intérêt chez beaucoup de personnes, même si elles ont pris leurs distances à l'égard des Églises. Nous avons comme preuve le succès de librairie remporté par ce petit livre, *Dieu?* : plus de 100 000 exemplaires vendus en France en moins de six mois. Au Salon du livre de Québec, la salle des rendez-vous littéraires était comble pour entendre le scientifique qui parlait de Dieu. Le livre de Jacquard a figuré durant plusieurs semaines au palmarès Renaud-Bray, le baromètre du livre au Québec. Même si les éditeurs sont réputés spécialistes de la promotion de certains livres, il reste qu'il faut donner raison aux lecteurs et lectrices : *Dieu?* est un succès de librairie. Ce fait m'interroge. N'y a-t-il pas dans les librairies plusieurs livres sur Dieu et sur la foi chrétienne beaucoup plus documentés, plus profonds et surtout plus rigoureux? Et pourtant ces ouvrages dorment sur les rayons. Il faut bien admettre que les ouvrages à caractère religieux ne quittent pas les circuits d'Église qui sont de fait de plus en plus étroits.

Albert Jacquard a réussi à attirer l'attention du grand public par son renom de scientifique, sa sincérité et aussi par son talent de communicateur. Ni clerc ni professionnel de la religion, il est probablement considéré plus libre, donc plus crédible, pour exprimer la vérité sur Dieu et sur le message chrétien. D'ailleurs, il ne faut pas limiter le droit de parole sur Dieu à un groupe privilégié et encore moins à une caste. Dieu est trop grand et trop universel pour n'être dit que par quelques-uns, même par ceux qui se prétendent ses spécialistes et ses voix autorisées.

Jacquard est bien conscient qu'il a droit de parole sur Dieu à titre de scientifique. Il prétend même que le savant jouit de nos jours d'une plus grande crédibilité que les gens d'Église.

Autrefois, les curés ou les hommes politiques avaient droit à la parole, mais aujourd'hui, les citoyens doutent de leur légitimité. Il ne reste plus que les scientifiques, qui, lorsqu'ils s'expriment, ont l'avantage significatif d'être pris au sérieux[12].

---

12   Albert Jacquard et Axel Kahn, *L'avenir n'est pas écrit*, p. 244.

Il ajoute cependant que la notoriété, fondée sur une compétence précise, ne donne pas le droit de s'exprimer à tort et à travers sur tout et son contraire. Jacquard est conscient de ce risque, et un tel aveu n'est pas, de sa part, le moindre des paradoxes.

N'allons pas déplorer le succès du livre de Jacquard. Au contraire, nous devons nous réjouir que son livre sur Dieu se retrouve entre les mains de milliers de lecteurs et de lectrices qui font un retour sur leur foi ou encore qui s'ouvrent à la question de Dieu. Mais comment expliquer que tant de lecteurs et de lectrices qui se sentent rejoints par les propos de Jacquard n'ont, par ailleurs, aucun intérêt à lire les études des spécialistes du message chrétien? Il est urgent de réfléchir sur ce problème de la crédibilité des gens d'Église et des théologiens.

Un dangereux fossé ne cesse de se creuser entre les spécialistes de la foi chrétienne et les gens qui se tournent vers d'autres maîtres pour trouver le spirituel. Beaucoup s'engagent dans des démarches d'intériorité et de recherche de sens. Mais ce qui est nouveau, c'est que leurs démarches sont de moins en moins rattachées à l'Église. Il faut bien admettre une libéralisation du marché religieux, analogue aux autres marchés, et la libre circulation des croyances et des pratiques religieuses qui ne sont plus uniquement inspirées par le christianisme. Dans toutes ces quêtes de spiritualité, qui marquent notre époque, nous constatons un éclatement des croyances et des pratiques qui manifeste que l'Église n'a plus le contrôle ni le monopole du spirituel et qu'elle n'est plus un passage obligé. Bien des gens ne font plus tellement confiance à l'Église dans leur quête du spirituel et ils se méfient de ses dogmes qui ne semblent plus correspondre à leurs attentes et à la pensée d'aujourd'hui.

L'écoute enthousiaste des propos de Jacquard sur Dieu, au Salon du livre de Québec, et l'intérêt pour son livre qui se vend « comme de petits pains chauds » sont des attitudes révélatrices de la mentalité des gens d'aujourd'hui à l'égard du message de l'Église. Pour combler leur soif d'intériorité, les gens s'adressent à des mouvements plus ou moins ésotériques ou encore à des gourous. De même, j'ai rencontré des gens qui, pour connaître Dieu et le message chrétien, s'en remettaient en toute confiance à Jacquard, un scientifique qui a pris ses distances à l'égard de l'Église et qui s'avoue agnostique. Ce fait interpelle les croyants et les croyantes et aussi les responsables, dans l'Église, de la transmission de l'Évangile.

La transmission de la foi chrétienne est en panne et on prend peu d'initiatives nouvelles pour rétablir le courant. En allant toujours au plus pressant et en concentrant nos énergies sur des questions de « fonctionnement », nous ne préparons pas lucidement l'avenir de Dieu, le Dieu révélé en Jésus Christ, dans la société et l'Église d'ici. Dans les milieux ecclésiaux, nous constatons une démission de la pensée et une perte du sens critique. Il est plus que jamais nécessaire de rendre la foi chrétienne « pensable », tant pour les croyants soucieux de mieux comprendre que pour les incroyants en quête de sens. L'intérêt suscité par le livre de Jacquard ne peut nous laisser indifférents.

Pourquoi cet autre livre, *Dieu!*[13]

J'enseigne la théologie à l'université depuis 38 ans. Cependant, loin de moi l'idée d'écrire un petit livre qui prétendrait apporter des corrections à l'ouvrage de Jacquard. Il est vrai que mon exemplaire de son ouvrage est débordant de points d'interrogation et de commentaires comme « à nuancer », « à corriger », « l'auteur n'a rien compris ». Dans ce livre, on ne trouvera pas un résumé ou un compte rendu de la pensée de Jacquard ni un commentaire précis et savant. À cause des limites de temps et de la distance, je ne peux pas m'engager dans un véritable dialogue avec l'auteur. Ce dernier n'aurait d'ailleurs probablement pas refusé le projet, car il est un scientifique ouvert et généreux. Mon propos est beaucoup plus modeste. Je tiens tout simplement à poursuivre la discussion avec Jacquard qui fut trop brève lors de notre rencontre au Salon du livre de Québec au printemps 2003. Aux lecteurs et lectrices de Jacquard et à ceux et celles qui portent de l'intérêt à la question de Dieu, j'apporterai quelques éléments de réflexion qui s'imposent, me semble-t-il, à une recherche sur Dieu et sur le Credo. Il sera évident que je ne soufflerai pas « la » réponse ou « la » solution à la question de Dieu. Il appartient à chacun et chacune de prendre une position éclairée et personnelle.

Dans nos milieux, nombreux sont ceux et celles qui ne se posent plus tellement la question de Dieu. L'indifférence religieuse est un phénomène grandissant.

---

[13] Dans le catalogue de la bibliothèque de l'Université Saint-Paul, j'ai trouvé 3 817 titres d'ouvrages dans lesquels on retrouve le mot « Dieu ».

On parle encore de religion, mais peu de Dieu. On ne le prie guère, toute question à son sujet semble être devenue désuète, même pour ceux et celles qui le prient encore… Toutefois, j'ai la conviction que personne ne peut échapper à la question de Dieu, une question incontournable, une problématique toujours actuelle et, pour le moins, une hypothèse encore suggestive. Même si Dieu n'a plus pignon sur rue et qu'il s'efface de plus en plus dans la culture occidentale, la question de Dieu se pose encore, du moins comme recherche de sens de l'existence. Cette question encourage chacun à exprimer ce en quoi il met son cœur et à désigner la réalité à laquelle il est attaché par-dessus tout et qui donne sens à sa vie. De plus en plus confronté à l'agnosticisme et à l'indifférence, le croyant ne peut éviter de donner, le plus clairement possible, les raisons de son adhésion à Dieu. Selon saint Augustin, la foi veut l'intelligence : « J'ai désiré voir par l'intelligence ce que je croyais[14]. » L'acte de foi suppose certes une décision de la liberté, mais il ne dispense pas d'un cheminement rationnel qui exige cohérence et rigueur. Autrement la foi se réduirait à n'être qu'une pure aliénation ou une simple consolation pour nous aider à supporter l'existence.

Dieu est plus qu'une question, plus qu'un nom. Il est Quelqu'un de vivant qui se communique, la réalité éprouvée illuminant l'existence et suscitant la confiance. Même si ce qu'on dit de Dieu demeure toujours insuffisant et inadéquat, j'ai l'audace de parler

---

14   Saint Augustin, *La Trinité* I, XV, 28, nº 51 (*Bibliothèque augustinienne*, vol. 16, p. 563).

de lui. Et de *Dieu?*, j'espère arriver à *Dieu!* Oui, de Dieu qui sera toujours une question, j'entrevois Dieu avec émerveillement.

« Dieu », le mot le plus chargé

« "Dieu" […] est le plus chargé de tous les mots humains. Aucun n'a été si souillé, si déchiré. C'est justement pour cela que je ne peux pas y renoncer. Les générations humaines ont déversé sur ce mot le poids de leur vie angoissée et l'ont pressé contre le sol : il gît dans la poussière et porte tous leurs fardeaux. Les générations humaines avec leurs divisions religieuses ont déchiré ce mot; elles ont tué et elles sont mortes pour cela; il porte la trace de tous leurs doigts et de leur sang. Où trouverais-je un mot pareil à lui pour désigner le Très-Haut?… Nous devons respecter ceux qui le condamnent parce qu'ils s'insurgent contre l'injustice et le scandale de ceux qui se réclament si volontiers de l'autorité de "Dieu"; mais nous ne pouvons pas l'abandonner… Nous ne pouvons pas nettoyer le mot "Dieu", et nous ne pouvons pas le réparer; mais, taché et déchiré comme il l'est, nous pouvons le relever de terre et le placer au-dessus d'une heure de grande inquiétude. »

Martin BUBER, *Gottesfinsternis, Werke* 1,
Munich, 1962, p. 509, texte cité dans Heinz ZAHRNT,
Dieu ne peut pas mourir : contre les fausses alternatives dans l'Église et dans la société, Paris, Les Éditions du Cerf, 1971, p. 18-19.

Le symbole des Apôtres

Je crois en Dieu, le Père tout-puissant,
créateur du ciel et de la terre.

Et en Jésus Christ,
son Fils unique, notre Seigneur,
qui a été conçu du Saint Esprit,
est né de la Vierge Marie,
a souffert sous Ponce Pilate, a été crucifié,
est mort et a été enseveli,
est descendu aux enfers,
le troisième jour est ressuscité des morts,
est monté aux cieux,
est assis à la droite de Dieu le Père tout-puissant,
d'où il viendra juger les vivants et les morts.

Je crois en l'Esprit Saint,
à la sainte Église catholique,
à la communion des saints,
à la rémission des péchés,
à la résurrection de la chair,
à la vie éternelle. Amen.

Chapitre I

Le Credo ébranlé par un scientifique

Après un siècle dominé par la science, le XXIᵉ siècle sera-t-il la revanche de Dieu? Une telle alternance n'est pas souhaitable. Elle serait le signe que la relation entre Dieu et la science continue à se jouer sur le mode de la rivalité. On peut imaginer un autre scénario, dans lequel la science poursuivra sa tâche, mais sans oublier qu'elle a pour vocation le service de l'homme, et elle découvrira peut-être alors que, pour garantir la fidélité à cette vocation de servir l'homme, Dieu, loin d'être un adversaire, pourrait devenir son meilleur allié.

Marcel Neusch[1]

Depuis Galilée, condamné par le Saint-Office en 1633, le divorce entre la science et Dieu est consommé pour un grand nombre de penseurs. Et c'est Dieu

---

[1] « Dieu et la science », dans *Dieu au XXIᵉ siècle : contribution de la théologie aux temps qui viennent*, sous la direction de Bruno CHENU et Marcel NEUSCH, Paris, Bayard, 2002, p. 173-174.

qui semble être le perdant. Dans bien des milieux, il ne représente désormais qu'une survivance mythique, une pièce de musée ou d'archives de l'histoire de la pensée, ou encore une hypothèse parmi d'autres. On raconte que Napoléon, après avoir écouté les explications du marquis de Laplace sur son hypothèse cosmogonique, lui demanda : « Où mettez-vous Dieu dans tout cela? » L'astronome lui aurait répondu : « Sire, c'est là une hypothèse inutile[2]. » La science se veut affranchie de toute tutelle, notamment de celle de la foi. L'expérimentation et la vérification mesurable sont à la fois les conditions de sa réussite et les critères de sa vérité. La science fait son chemin sans la foi, libérée de la croyance en Dieu devenu une « idée superflue ». En conséquence, la foi chrétienne devient de plus en plus une étrangère dans le monde moderne.

Il y a encore des oasis dans ce désert de la foi. Nous pouvons évoquer l'effort d'intégration réalisé par Teilhard de Chardin (1881-1955) qui nous a donné une vision de l'Univers respectueuse des données de la science et du message chrétien. Cet apport de Teilhard a le mérite de maintenir de bonnes relations entre la science et la foi, même s'il est trop marqué par un effort d'adaptation mettant dans l'ombre des aspects du mystère chrétien. Pour se convaincre qu'il est possible d'être savant et croyant, on pourra lire les témoignages de scientifiques chrétiens présentés dans

---

2   L'événement est rapporté dans Édouard BONÉ, *Dieu : hypothèse inutile?*, Bruxelles, Éditions Racines/Lumen Vitæ, 1999, p. 5.

l'ouvrage intitulé *Le savant et la foi*[3]. Ces derniers affirment leur légitime fierté d'être des scientifiques, tout en soulignant les inévitables limites de leurs ambitions et en rappelant que la science ne sauvera pas le monde. Ils nous invitent à reconnaître la signature de Dieu dans la création et ils demandent à une « révélation » un supplément de sens pour éclairer le destin de l'humanité et celui de chacun de nous. Ces savants admettent que le christianisme leur apporte cette révélation. Tous refusent l'adhésion servile aux dogmes et ils abordent avec liberté des questions de fond. Les chrétiens sont-ils des attardés frileux? Est-on « passéiste » parce qu'on est croyant? Un scientifique peut-il avoir la foi sans se renier lui-même? Selon leurs témoignages, science et foi ne s'excluent pas et ne se contredisent pas parce qu'elles ne se situent pas sur le même plan.

En respectant l'autonomie de la science et de la foi, un dialogue s'avère possible entre ces deux approches du réel, celle des sciences et celle de la foi, qui donnent des réponses différentes à des questions différentes. Le croyant n'a pas à délaisser le chemin des sciences pour n'explorer que les chemins ouverts par la révélation de Dieu. Pour connaître Dieu et son

---

3   *Le savant et la foi : des scientifiques s'expriment*, introduction de Jean Delumeau, Paris, Flammarion, 1989. Ce livre regroupe 19 contributions de scientifiques de diverses nationalités et confessions chrétiennes qui disent pourquoi ils sont chrétiens et comment ils concilient leur foi avec leur activité de chercheur. On peut lire des témoignages de scientifiques croyants dans Christian CHABANIS, *Dieu existe-t-il? Oui*, Paris, Fayard, 1985. Le même auteur présente des témoignages de scientifiques incroyants dans *Dieu existe-t-il? Non*, Paris, Fayard, 1973.

dessein, il a beaucoup à recevoir des sciences qui lui font découvrir la richesse et la complexité de la réalité. De son côté, le scientifique trouvera dans la Bible et le message chrétien une lumière qui donne sens à la réalité qu'il observe. Des penseurs sérieux — philosophes, historiens et théologiens — nous apportent des réflexions éclairantes sur une articulation possible entre la science et la foi[4].

> « Si je suis revenu à la foi, c'est par la science, par une démarche scientifique [...] Si l'univers est compréhensible, c'est que l'univers est ordonné. Le chaos n'est pas compréhensible. Mais d'où vient cet ordre de l'univers? [...] Nous vivons dans un monde ordonné [...] Qui dit ordre dit intelligence ordonnatrice. Cette intelligence ne peut être que celle de Dieu. »
>
> Témoignage du naturaliste Pierre-Paul Grassé qu'on retrouve dans Christian CHABANIS, *Dieu existe-t-il? Oui*, Paris, Fayard, 1985, p. 93-94.

---

4   Loin d'être exhaustif, je me permets de suggérer les études suivantes qui m'ont beaucoup apporté : Jacques ARNOULD, *La théologie après Darwin*, Paris, Les Éditions du Cerf, 1998; ID., *Dieu, le singe et le « big bang » : quelques défis lancés aux chrétiens par la science*, Paris, Les Éditions du Cerf, 2000; Alexandre GANOCZY, *Dieu, l'homme et la nature : théologie, mystique et sciences de la nature*, Paris, Les Éditions du Cerf, 1995; Jean LADRIÈRE, « Science et théologie », dans *Revue théologique de Louvain*,

Croire et savoir

Je crois… Pour Jacquard, les premiers mots du Credo sont déjà une embûche. Il est évident que le scientifique ne peut pas vivre sans croire à la sincérité de ses amis et des témoins d'un événement. Il ne peut refuser le fait qu'une multitude d'humains adhèrent à une foi religieuse qui se rapporte à une parole ou à une révélation venant de l'au-delà que certains, comme Moïse et Mahomet, prétendent avoir reçues. Il constate aussi que certains voient dans la foi une réponse qui leur rend la vie présente et l'avenir supportables.

Mais en vertu de ses méthodes, le scientifique adopte un autre regard sur la réalité. Il cherche à la décrire et à en proposer des explications. Ses réponses aux questions sur la réalité ne viennent pas d'« ailleurs » et ne relèvent pas des croyances, mais de l'observation dont les résultats sont interprétés dans le cadre d'hypothèses et de modèles pouvant toujours être contestés, corrigés et améliorés. Dans le domaine de l'astronomie, pensons aux modèles explicatifs de Copernic et de Galilée, améliorés par celui de Newton et finalement substitués en partie par les découvertes de la relativité générale d'Einstein. De même, le scientifique ne « croit » pas à la théorie du *big bang*, mais il trouve raisonnable de l'adopter tant qu'elle ne

---

34, 2003, p. 3-26; Dominique LAMBERT, *Sciences et théologie : les figures d'un dialogue*, Namur, Éditions Lessius, 1999; Georges MINOIS, *L'Église et la science*, Paris, Fayard, t. I : *De saint Augustin à Galilée*, 1990; t. II : *De Galilée à Jean-Paul II*, 1991; Philippe ROQUEPLO, *La foi d'un mal-croyant ou mentalité scientifique et vie de foi*, Paris, Les Éditions du Cerf, 1969; *Science et foi : colloque organisé par le journal* La Croix-L'événement, 1er février 1992, Paris, Centurion, 1992.

sera pas remise en question par la découverte de faits nouveaux. Nous pouvons donc mieux comprendre que le doute est toujours présent dans le regard du scientifique. C'est l'un de ses moteurs de recherche qui lui permet de s'adonner à la science.

Avec cette conception de la connaissance ou cette épistémologie, Jacquard relit le Credo tant de fois récité durant son enfance. Il est soucieux de trouver un accord entre les vérités de foi et les données scientifiques. N'est-ce pas une sorte de concordisme, à l'avantage cette fois de la science?

Quelques exemples de remise en question

Les sciences interrogent les vérités de la foi qui sont acceptées paisiblement depuis des siècles. Ces interrogations concernent non seulement tel ou tel article du Credo, mais elles contribuent à susciter un nouveau regard sur la réalité et, surtout, une nouvelle façon de penser qui devient de plus en plus dominante et exclusive. En puisant dans l'ouvrage de Jacquard, *Dieu?*, voici quelques interprétations du Credo qu'il formule. Je me permets de les résumer pour ensuite y réagir, ou du moins présenter brièvement les points de vue de la théologie contemporaine.

Dieu le Père

Le point de vue d'un scientifique[5]

Jacquard affirme que la présentation de Dieu comme « l'un des acteurs du processus de la

---

5 Albert JACQUARD, *Dieu?*, p. 49-54.

procréation » est une « étrange idée », qui est
« révélatrice d'un manque dramatique d'imagination
et de la rémanence dans les esprits de vieilles
explications, dont il est pourtant maintenant admis
qu'elles sont contraires à la réalité[6] ». Il n'est pas
nécessaire d'être bien savant et familier de la théorie
de Mendel pour reconnaître que « la procréation
implique deux individus dont les rôles, du moins à
l'instant de la conception, sont rigoureusement
symétriques[7] ». Le père est incapable de procréer seul,
comme la mère. Son rôle n'est pas supérieur à celui de
la mère. Il y aurait d'aussi bonnes ou mauvaises raisons,
selon Jacquard, de donner à Dieu le titre de mère, mais
cette appellation ferait scandale. Le plus étonnant pour
le généticien, c'est qu'on attribue à Dieu, dont la
puissance est sans limite, la paternité qu'on ne peut
exercer seul. Jacquard rappelle que la reproduction non
sexuée des êtres vivants, c'est-à-dire à partir d'une
source biologique unique, ne se réalise plus depuis
quelques milliards d'années et qu'elle a été remplacée
par la procréation. Le généticien s'arrête surtout à la
fonction biologique du père, tout en ajoutant toutefois,
et non sans raison, que cette attribution du sexe
masculin à Dieu a favorisé le rôle du mâle dans la
société et surtout dans l'Église. Il termine son
explication par cette phrase lapidaire et provocatrice :
« Combien de siècles faudra-t-il encore pour admettre
qu'attribuer un sexe à Dieu est un blasphème[8]? »

---

6   Albert JACQUARD, *Dieu?*, p. 49.

7   Albert JACQUARD, *Dieu?*, p. 50.

8   Albert JACQUARD, *Dieu?*, p. 54.

Le point de vue d'un croyant

Il est vrai que les écrits bibliques parlent générale-
ment de Dieu au masculin. On y rencontre toutefois
quelques exceptions. Parce que les croyants de l'Ancien
Testament et Jésus donnent à Dieu le titre de Père, il
ne faut pas en conclure qu'ils nous révèlent le sexe de
Dieu. Si la position de Jacquard sur Dieu le Père suscite
de l'intérêt et même de l'approbation, je l'ai constaté
au Salon du livre de Québec, c'est qu'elle exprime un
malaise que nous ne pouvons plus éviter. Le croyant
et la croyante ne peuvent plus professer leur foi sans
être conscients des difficultés que suscite l'expression
« Dieu le Père ».

Les gens sont marqués, du moins inconsciemment,
par la critique freudienne de la croyance au Dieu Père
qui serait une illusion religieuse provoquée par le
besoin infantile d'être protégé et aimé, besoin qui dure
toute la vie. C'est pourquoi, selon les mots de Freud,
« l'homme s'est cramponné à un père cette fois plus
puissant[9] ». L'image familiale du père paraît donc
suspecte à Freud, à qui on donne paradoxalement le
titre de « père de la psychanalyse ». Tout en reconnaissant une part de vérité dans la théorie freudienne
de l'illusion religieuse, nous devons reconnaître que
la présentation évangélique du Dieu Père brise cette
illusion, en présentant une image de la paternité divine
qui est originale et différente de celle que nous avons
spontanément.

---

[9] Sigmund FREUD, *L'avenir d'une illusion*, Paris, Presses universitaires
de France, 1971, p. 43.

Cela dit, la présentation de Dieu comme Père demeure tout un défi de nos jours. Des objections, aussi graves que celles de Freud, ne manquent pas. Des penseurs soutiennent que nous vivons dans une société « sans père ». Bien des jeunes, et aussi des adultes, pensent trouver leur identité en niant le père. Dans ce contexte, l'évocation du Dieu Père, tout-puissant par surcroît, n'est pas facilement acceptée. Certaines théologies féministes présentent une remise en question de la paternité de Dieu beaucoup plus fondée que celle de Jacquard. Elles montrent les conséquences néfastes du patriarcat pour la foi chrétienne et les orientations des pratiques ecclésiales. L'idée d'un Dieu Père a sans aucun doute souvent servi à donner un fondement religieux au paternalisme social et ecclésial, qui s'exerce au détriment des femmes, et plus encore à garder dans un rôle de soumission permanente le féminin dans l'Église.

Les difficultés et les objections que je viens de présenter brièvement stimulent ma réflexion théologique et m'encouragent à toujours mieux comprendre le message de Jésus sur Dieu son Père et notre Père. Lorsque je proclame ma foi en Dieu le Père, mon esprit et mon imagination ne sont pas orientés vers le sexe de Dieu et la procréation, même divine. Il est évident que, selon la Bible et les théologies qui l'interprètent, la paternité attribuée à Dieu est de l'ordre de l'image et du symbole. L'image et le symbole ne sont pas la réalité signifiée, même s'ils orientent plus ou moins vers la réalité. Dieu Père ne signifie pas : masculin ou homme (mâle)! D'ailleurs, dans la Bible, le mot « Père » est un symbole patriarcal, qui inclut des traits maternels, pour évoquer une réalité qui dépasse l'humain et le sexuel. Il signifie certes autorité et puissance, mais surtout proximité, protection, sécurité et même tendresse. La lecture des évangiles nous familiarise avec un Dieu dont la grandeur ne s'identifie pas à une domination écrasant les humains, comme le pensait Feuerbach. Il n'est pas un Dieu consolateur des humains rendus esclaves par les conditions sociales injustes, comme le prétendait Marx. Il n'est pas un « surmoi » tyrannique qui entretient le complexe de culpabilité et l'illusion, selon la conception de Freud.

C'est un Dieu tout autre que les évangiles nous révèlent, un Dieu original et même « différent », selon l'expression si parlante du théologien français Christian Duquoc[10]. Il y a deux mille ans, Jésus de Nazareth a osé parler librement de Dieu. En effet, il nous parle de Dieu son Père et notre Père comme de celui qui est au-dessus de la loi, celui qui relativise l'ordre social, y compris le Temple et le culte, celui qui est toujours du côté des faibles, des malades, des pauvres, des exclus et même des sans-Dieu. Jésus accomplit une révolution inouïe dans l'idée de Dieu. Il apporte du nouveau sur Dieu avec qui il vit une relation unique et qu'il appelle son Père, mieux son *Abba*, son « Papa ». Dieu se laisse nommer par des mots de chez nous, mais il est toujours au-delà de tous nos mots et de tous nos savoirs.

---

[10] Je suggère vivement la lecture de l'ouvrage de Christian DUQUOC, *Dieu différent : essai sur la symbolique trinitaire*, Paris, Les Éditions du Cerf, 1977.

La remise en question d'un Dieu Père par Jacquard, je l'accueille et je la prends au sérieux, car il existe chez beaucoup de gens un malaise réel. Le généticien, qui exprime de fait la pensée de « monsieur et madame tout le monde », interroge certes une donnée majeure de la foi chrétienne. À cause de l'ambiguïté du mot « père », certains souhaitent son abandon et son remplacement par un autre mot dans l'expression de la foi, la liturgie et la prédication. Dans le contexte actuel, où nous avons une conscience plus vive de l'égalité des sexes, nous ne pouvons plus exprimer en termes exclusivement masculins la relation des humains avec Dieu. En effet, Dieu englobe et dépasse ce qui se réalise au niveau des humains. Il exerce à la fois le rôle du Père et de la Mère. En un sens métaphorique, certes, mais vrai.

Il est donc important et nécessaire de prendre le temps d'accueillir ce que Jésus a voulu nous dire sur Dieu et qui est toujours proclamé dans l'Église, mais sans nous arrêter de façon étroite et mesquine sur les mots qui sont toujours si gauches et chargés de toute une histoire. J'aurais souhaité qu'Albert Jacquard prenne un peu de temps pour relire les évangiles et aussi quelques commentaires. Il faut toujours aller au-delà des mots, surtout dans le domaine de la foi, car nous sommes en présence de l'invisible et de l'indicible. Pourquoi alors parler de Dieu et publier des livres sur lui? Je n'ai d'autres réponses à donner que celle-ci : la foi cherche toujours à voir et à témoigner. Elle ne peut le faire qu'avec nos mots, nos raisonnements, nos sciences, nos logiques qui sont adaptés d'abord et surtout à notre monde, mais qui tentent toujours de rejoindre l'indicible qui nous habite.

Dans la foi, j'ose encore dire, comme Jésus nous l'a appris : « Notre Père qui es aux cieux ».

« Dieu nous aime d'un amour indéfectible. Nous savons qu'il a toujours les yeux ouverts sur nous, même s'il nous semble que nous sommes dans la nuit. Il est père, plus encore il est mère. »

JEAN-PAUL I, *Angelus du dimanche*,
le 10 septembre 1978.

La conception virginale de Jésus

Le point de vue d'un scientifique[11]

Un peu comme on le fait pour la création d'Adam et Ève présentée dans le livre de la *Genèse*, Jacquard met en doute l'exactitude de certains faits concernant la naissance de Jésus qui sont rapportés dans les évangiles. Les textes bibliques ne peuvent plus échapper à la critique. C'est une exigence élémentaire de lucidité.

On pouvait s'attendre à ce que le généticien soit fortement interpellé par les paroles du Credo affirmant que Jésus « a été conçu du Saint-Esprit, est né de la Vierge Marie ». Jésus a été un homme véritable avec toutes les caractéristiques que cela implique. Il s'est

---

11 Albert JACQUARD, *Dieu?*, p. 92-95.

donc développé à partir d'une dotation génétique dont la moitié lui a été fournie par sa mère. Quant à l'autre moitié, d'où est-elle venue? Il faut donc lui trouver une autre source que Marie. La question devient plus pertinente puisque Jésus est de sexe masculin. Le généticien rappelle ici une donnée biologique incontestée : les individus de sexe féminin reçoivent deux chromosomes désignés par la lettre X, tandis que ceux de sexe masculin reçoivent un X et un Y. Le chromosome Y de Jésus n'a pu lui être fourni par sa mère. D'où provenait-il donc? Loin d'être une impertinence, refuser de poser cette question serait « signe d'une absence de cohérence dans ce que l'on affirme croire », même si la réponse n'a aucun intérêt « puisque l'essentiel de la "bonne nouvelle" qu'apportent les évangiles est ailleurs[12] ». C'est pourquoi, poursuit Jacquard, il vaudrait mieux ne pas évoquer l'intervention supposée du Saint-Esprit ni mentionner la virginité de Marie. Puisque ces données, qui fascinent pourtant l'imagination des foules, n'ont rien à voir avec le message inouï de Jésus, pourquoi ne pas les abandonner? Une seule donnée scientifique suffit à émonder pour de bon l'une des affirmations du Credo.

Le point de vue d'un croyant

Qui ne connaît pas la représentation de l'Annonciation de Fra Angelico? Même si elle est toute d'intériorité et d'une rare beauté, elle ne saurait convaincre le croyant du XXIᵉ siècle de la véracité de l'événement. La foi du croyant s'appuie sur les récits

---

12 Albert JACQUARD, *Dieu?*, p. 95.

des évangiles de l'enfance que nous lisons en Luc (1, 26-38) et Matthieu (1, 18-25) et sur la tradition de l'Église qui s'exprime dans le Credo. Depuis plusieurs années, les exégètes nous ont montré le caractère particulier de ces récits qui sont loin d'être des reportages exacts des événements, mais des témoignages de foi des communautés chrétiennes des années 70 à 80, formulés dans la foulée de la foi de Pâques. Ces textes, qui ont inspiré tout un folklore, nous mettent en présence d'une réalité bouleversante : la venue du Fils de Dieu dans notre monde. Ils le font en employant des textes et des images qui sont familières à un lecteur de l'Ancien Testament[13]. Il nous faut préciser ici que, à la différence de Matthieu et de Luc, certains écrits du Nouveau Testament, notamment les lettres de Paul, ne parlent pas de la naissance virginale de Jésus. Jésus est appelé « fils de Joseph » (*Matthieu* 13, 55; *Luc* 4, 22; *Jean* 6, 42); il est aussi question des « parents de Jésus » (*Luc* 2, 27). La conception virginale pourrait dès lors apparaître comme une tradition particulière ou relativement tardive. Ces données bibliques, le croyant ne les ignore pas.

Depuis les origines du christianisme, la conception virginale de Jésus a toujours été confrontée à des contestations. Les objections d'aujourd'hui peuvent sembler encore plus fondées qu'autrefois. Pourquoi la virginité de Marie, et non l'union de Joseph et de Marie,

---

[13] Voir un bref article que j'ai publié pour aider à la préparation des homélies du temps de Noël et des fêtes mariales : « La Bonne Nouvelle de la venue de Dieu. Pour une approche pastorale des récits de l'enfance de Jésus », dans *Prêtre et Pasteur*, juillet-août 2003, p. 395-402.

ne serait-elle pas le signe le plus approprié, selon l'ordre normal de la nature, pour exprimer la vérité de l'incarnation du Fils de Dieu ? La foi du croyant sera-t-elle démolie par les données de la biologie que nous rappelle Jacquard ? La tentation est grande de réduire la virginité de Marie à une croyance dépassée qu'il vaudrait mieux abandonner.

Au Salon du livre de Québec, en avril dernier, Jacquard a suscité des applaudissements en affirmant, avec brio et un certain humour, que cette croyance avait au moins le mérite d'entrevoir l'avenir pas trop lointain où la femme seule, sans l'homme, pourra transmettre la vie. S'agirait-il donc d'un dogme favorisant la libération de la femme ? Sur-le-champ, j'ai dit au même auditoire que cette affirmation de foi était de la part de Dieu une contestation, la plus inédite qui soit, de l'orgueil et de la prétention du mâle qui se vante de pouvoir tout faire, même donner un sauveur à l'humanité. Oui, dans la virginité de Marie, apparaît clairement le fait que l'humanité ne peut se donner un sauveur : elle ne peut que l'accueillir dans la foi.

Pour un croyant qui n'est pas nécessairement « naïf », quels sont donc le contenu et la signification de cette affirmation du Credo : « conçu du Saint-Esprit, né de la Vierge Marie » ? Tout d'abord, le croyant ne s'attend pas à une explication scientifique qui viendrait de la génétique ou encore de la critique historique. Les récits bibliques et le Credo sont totalement muets au sujet du « comment ». Ils se limitent à affirmer qu'il n'y a pas d'intervention de l'homme, mais l'intervention créatrice de l'Esprit dont la modalité est aussi inexplicable que celle de la création. Pour le croyant, la conception virginale n'est pas une « preuve », mais un « signe ». La foi en la divinité de Jésus est nécessaire pour y discerner une trace du passage de Dieu dans notre monde. Mais le croyant ne peut réduire la virginité de Marie à une expression de foi qui n'aurait aucun fondement ni attache avec la réalité biologique. Les données de cette réalité biologique lui échappent. Il ne doit pas combler l'absence du père en recourant à l'Esprit Saint qui jouerait un rôle procréateur. S'il en était ainsi, nous aurions un parallèle avec des mythes présents dans diverses cultures anciennes où les divinités s'unissent à des femmes. L'Esprit Saint, le Dieu des commencements, intervient comme créateur, de même qu'il planait symboliquement sur les eaux au moment de la création, selon le livre de la Genèse (1, 2). C'est ainsi que la conception virginale exprime qu'en Jésus Dieu opère une restauration de l'humanité et un commencement vraiment nouveau que les humains ne peuvent inaugurer, même avec toutes leurs sciences et leurs technologies.

En quelques mots, j'ai exprimé les données de la réflexion théologique actuelle sur la conception virginale, mais aussi ma foi personnelle. Ma curiosité sur le « comment » n'est pas comblée. J'accepte que la « création nouvelle » que Dieu est en train de faire surgir en Jésus me dépasse, mais j'en perçois suffisamment de sens pour continuer à proclamer le Credo.

Le « comment » de Marie

« Marie dit à l'ange : "Comment cela se fera-t-il puisque je suis vierge?" » (*Luc* I, 34). La question « comment », Marie l'a posée en toute lucidité et liberté, et cela bien avant nous, bien avant les généticiens. L'ange, c'est-à-dire Dieu pour ne pas le nommer, ne répond pas au « comment » par une explication qui donnerait satisfaction au besoin de savoir de Marie. Il l'assure que Dieu lui-même interviendra par l'Esprit, qu'il s'impliquera à sa manière qui nous demeure inconnaissable. Cette intervention est plus merveilleuse que la création. « Que tout se passe pour moi comme tu l'as dit » : telle est la réaction de Marie, la femme de foi.

La résurrection de Jésus et la nôtre
Le point de vue d'un scientifique[14]

« … le troisième jour est ressuscité des morts… » Le généticien est non seulement en présence d'une affirmation inouïe, mais d'un « événement impossible ». Cette réaction est tout à fait compréhensible de la part d'un scientifique, puisque sa méthode de recherche exige une vérification mesurable des faits. De plus, Jacquard a tout à fait raison de reconnaître que les faits entourant la résurrection de Jésus décrits dans les évangiles n'ont pas pu se produire tels quels. Des événements impossibles selon l'expérience

---

14   Albert JACQUARD, *Dieu?*, p. 103-106; 120-124.

humaine ne peuvent pas être présentés comme réels. Il est vrai, poursuit Jacquard, que la physique quantique laisse place à la probabilité d'un événement considéré comme impossible, mais nous ne pouvons pas extrapoler au monde macroscopique les raisonnements valables à l'échelle des particules. Devant l'impossibilité de la résurrection de Jésus, il conclut que la doctrine chrétienne est non seulement remise en question, mais qu'elle s'effondre. Pour admettre la résurrection, il ne reste donc que la foi. Mais Jacquard ne voit pas comment le croyant peut abandonner le recours à l'intelligence, « la plus belle conquête humaine », qui est aussi un don de Dieu, au moment où il s'efforce de s'approcher de lui. D'ailleurs, il n'est pas essentiel de croire à la résurrection, selon lui, pour admettre le message de Jésus : « Aimez-vous les uns les autres. »

À la foi en la résurrection de Jésus, le Credo joint la foi en notre propre résurrection. L'affirmation sur « la résurrection de la chair » ne fait « qu'accroître ce chaos logique ». Jacquard décrit notre future résurrection de façon simpliste, pour ne pas dire caricaturale : « Elle signifie que ma chair, qui sera devenue pourriture après ma mort, se reconstituera plus tard en une substance capable des mêmes performances qu'avant cette mort[15]. » L'être humain, comme toutes les espèces, ne saurait prétendre échapper à la fatalité de la mort. La résurrection serait

---

15 Albert JACQUARD, *Dieu?*, p. 122.

donc le refuge « dans la douce illusion que la négation de la mort suffit à l'écarter[16] ».

Jacquard sait bien que l'enseignement de l'Église n'est pas aussi « naïf » qu'il le présente et que ce n'est pas ce qu'elle veut dire. Mais il n'admet pas qu'elle continue à le faire de façon aussi explicite. Un autre discours est rendu nécessaire, car « les vieilles outres de la phraséologie d'autrefois ne peuvent contenir la richesse des concepts d'aujourd'hui[17] ».

Le point de vue d'un croyant

Cet autre discours, réclamé par Jacquard, la théologie l'a élaboré depuis plus d'une quarantaine d'années, mais il ne semble pas le connaître. À l'occasion de notre rencontre au Salon du livre de Québec, il était tout étonné de m'entendre dire : « La résurrection telle que vous la décrivez, il y a longtemps que je n'y crois pas. »

La résurrection de Jésus est un événement sans précédent, tout à fait unique et même qui dépasse toutes nos attentes. Devant une réalité aussi nouvelle, je comprends qu'un scientifique agnostique soit inconfortable. En effet, il ne pourra jamais en faire l'expérience dans ses laboratoires, jamais il ne trouvera de témoignages historiques attestant le déroulement de l'événement. Les évangiles, les seuls témoignages dont nous disposons et qui fondent l'affirmation du

---

16   Albert JACQUARD, *Dieu?*, p. 123.
17   Albert JACQUARD, *Dieu?*, p. 124.

Credo, ne présentent aucune description de la résurrection de Jésus. Personne n'a assisté à sa sortie du tombeau. Le meilleur des photographes n'aurait pas réussi à capter cet événement sur pellicule. Nous ne pouvons rejoindre que les expressions de la foi des premières communautés chrétiennes. Et ces témoignages, nous les étudions de façon rigoureuse et scientifique.

Pour exprimer leur foi dans la résurrection de Jésus, les disciples n'ont pas de point de comparaison ni de mots adéquats. Ils ont bien l'exemple des résurrections comme celles de Lazare ou du fils de la veuve de Naïm. Mais ce qui est arrivé à Jésus est tellement différent! Pour essayer d'en rendre compte, ils font appel aux Écritures, leurs livres de référence. Ainsi, peu à peu, au fil des ans, ils trouvent plusieurs expressions pour communiquer leur expérience : « Dieu l'a exalté », « Dieu l'a élevé dans la gloire », « Dieu l'a réveillé de la mort », « Jésus est assis à la droite de Dieu », « Dieu l'a ressuscité », « le Vivant ». Si le mot « résurrection », un mot imagé qui évoque le réveil du sommeil ou la levée, est devenu l'expression que nous employons le plus souvent, il ne faudrait cependant pas oublier les autres formulations qui nous éclairent encore plus sur la réalité de la résurrection.

Les témoignages du Nouveau Testament, dans leur sobriété, ne présentent pas la résurrection de Jésus comme une réanimation ou un retour à la vie terrestre de son corps déposé au tombeau. C'est ce qui arriva à Lazare. Pour lui, il s'agit d'un événement « miraculeux » qui aurait pu être cerné par des moyens d'observation et même interprété dans le cadre de théories scientifiques. La résurrection de Jésus n'est pas un retour à la vie spatio-temporelle. Elle est plutôt l'entrée définitive de son humanité entière dans une vie toute nouvelle, qui dépasse nos expériences et que nous ne pouvons pas décrire, car il s'agit de la vie même de Dieu accomplissant le salut final de l'humanité. La résurrection de Jésus est beaucoup plus qu'une victoire momentanée sur la mort et la poursuite de la vie spatio-temporelle. Par la seule grâce de Dieu et la puissance de l'Esprit, il s'agit de la naissance inattendue d'un monde tout nouveau où non seulement la mort n'a plus de prise mais où la vie atteint un accomplissement que personne ne peut imaginer. La résurrection de Jésus renvoie donc à une vie nouvelle qui fait éclater les dimensions de l'espace et du temps, une vie invisible comme celle de Dieu, une sphère appelée symboliquement « ciel ». En mourant, Jésus n'est pas tombé dans le néant, mais dans la mort et, à travers elle, il est entré dans cette réalité encore plus consistante que toutes les réalités, que dans la foi nous appelons Dieu. Depuis Pâques, nous croyons que la mort est passage vers Dieu, entrée dans le secret de Dieu, dans une sphère qui surpasse toute représentation et qui échappe à notre imagination.

Disons-le clairement : la résurrection de Jésus n'est pas un événement historique, même si elle a eu lieu dans notre histoire ; elle n'est ni visible, ni représentable, ni biologique, mais elle n'en est pas moins un événement réel dans notre monde et qui a un impact dans notre histoire. Le réel est plus vaste et plus riche que tout ce que nous pouvons observer, même avec les instruments les plus sophistiqués des sciences. Il y a le réel de Dieu et de sa communication en Jésus et à toute l'humanité. La mort et la résurrection de Jésus n'abrogent pas son identité personnelle : le Ressuscité est toujours le fils de Marie de Nazareth et le Crucifié du Golgotha. Dans la résurrection, il y a continuité et discontinuité. C'est pourquoi nous parlons de résurrection « corporelle » ou, selon Paul, de « corps spirituel » (*1 Corinthiens* 15, 44). En effet, le corps assure la continuité et l'identité de la personne qui ne se dissout pas, comme si l'histoire vécue de Jésus avait alors perdu toute son importance et sa réalité. En même temps, il y a discontinuité en ce sens que la résurrection de Jésus ne renvoie pas à un prolongement du corps ancien, mais à une nouvelle dimension d'existence, celle de Dieu.

En affirmant la résurrection de Jésus d'entre les morts, on n'a pas à imaginer un événement extraordinaire et surnaturel au niveau des molécules et des cellules composant le cadavre du Crucifié. Sur ce plan, tout est dit avec saint Paul : « Semé corruptible, on ressuscite incorruptible; semé méprisable, on ressuscite dans la gloire; semé dans la faiblesse, on ressuscite plein de force; semé corps animal, on ressuscite corps spirituel » (*1 Corinthiens* 15, 42-44). Pour montrer le passage du corps matériel au corps ressuscité, Paul emploie une image que nous fournit la nature. C'est une image qui fait sourire le scientifique d'aujourd'hui, mais elle montre que ce passage vers la vie nouvelle n'est pas impensable.

Ressuscité, Jésus assume de façon nouvelle la réalité humaine qui comprend nécessairement un corps par lequel il s'exprime, communique, entre en contact avec les autres et le cosmos. Par la résurrection, son corps est tout autre et différent du corps terrestre que ses disciples ont vu et touché; il est passé de la vie terrestre, déjà niée par la mort, à la vie propre de Dieu, la vie selon l'Esprit. La disparition du cadavre au tombeau est un signe de cette transformation radicale.

Si nous comprenons le corps humain comme un centre de relations avec l'Univers entier, nous pouvons affirmer qu'en Jésus ressuscité tout un réseau de relations à l'humanité et à l'Univers est transformé par Dieu. Dans un sens, la résurrection de Jésus n'est pas un événement limité à un corps individuel; au contraire, elle s'étend à tous les croyants et croyantes et, de façon mystérieuse, à l'Univers entier. La résurrection de Jésus est la victoire de la vie sur la mort. Victoire inédite et unique qui n'est pas l'exception qui confirme la règle, mais la révélation que ce qui est arrivé à Jésus nous est destiné. C'est pourquoi nous proclamons que Jésus ressuscité est Seigneur.

Dès les débuts du christianisme, le message sur la résurrection de Jésus n'a pas été facilement accepté, en particulier par les Grecs qui, à notre étonnement, ne semblaient pas tenir à vivre avec leur corps pour toujours. Les Actes des Apôtres nous rapportent la scène où Paul annonce la résurrection devant l'Aréopage d'Athènes : « Au mot de "résurrection des morts", les uns se moquaient, d'autres déclarèrent :

"Nous t'entendrons là-dessus une autre fois" » (17, 32). Sans employer les mots de ces Athéniens, Jacquard exprime une réaction similaire dans son ouvrage : la résurrection n'est pas possible, ne retenons donc que le message de l'amour du prochain. Nos contemporains ont pareillement tendance à vider de sa substance la foi en la résurrection. Mais une écoute attentive et non sélective de nos contemporains, qui abandonnent aisément la foi en la résurrection, nous permet d'entendre leurs interrogations et leurs angoisses sur l'au-delà de la mort. En effet, ils ne rejettent pas définitivement l'espérance et même le désir d'une libération ou d'une réconciliation définitive avec eux-mêmes, les autres, le cosmos et l'Absolu. Même s'il accepte la résurrection de Jésus et la vie éternelle, le croyant est discret et modeste lorsqu'il parle de l'au-delà. Il est tout à fait désarmé; les images et les mots lui manquent pour en faire une description. Ainsi la foi n'est pas réponse à tout, sinon elle ne serait pas la foi, car celle-ci consiste à faire confiance à une promesse : « Et moi, je suis avec vous tous les jours jusqu'à la fin des temps » (*Matthieu* 28, 20). Chaque jour, il faut reprendre les mots de saint Paul qui expriment avec lucidité ce que nous vivons : « Nous cheminons par la foi, non par la vue » (*2 Corinthiens* 5, 7).

« La Résurrection nous dit aussi que la voie de l'amour, suivie inconditionnellement par Jésus jusqu'au don de sa vie, n'est pas une voie sans issue, une sorte de cul-de-sac qui ne déboucherait sur rien. La voie de l'amour est aussi la voie de la vie, parce qu'elle est la voie de la vérité. »

Bernard SESBOÜÉ, *Croire : invitation à la foi catholique pour les femmes et les hommes du XXIe siècle*, Paris, Droguet et Ardant, 1999, p. 323.

Pourquoi ne pas chercher ensemble?

Il me faudrait encore plusieurs pages pour exprimer les acquis des théologies contemporaines sur la paternité de Dieu, la conception virginale de Marie et la résurrection de Jésus. Je souhaitais quand même présenter à Monsieur Jacquard un aperçu de la réflexion théologique pour qu'il prenne conscience que les brèves affirmations du Credo sont encore intelligibles pour les gens d'aujourd'hui, à la condition de savoir les lire et, surtout, de les situer dans un univers de compréhension qui a ses exigences, mais qui est différent de celui des sciences. Les discours théologiques peuvent être cohérents, logiques, fondés, mais correspondent-ils au réel? Cette question est légitime. Pour y répondre, ne mettons pas trop facilement des limites à notre intelligence, du moins donnons-lui l'occasion d'aller librement là où il y a de la lumière. Et surtout n'enfermons pas le réel dans les instruments de nos savoirs et de nos méthodes, car il

47

pourra toujours nous étonner, surtout depuis que Dieu est en train d'instaurer son Royaume ou le salut de l'humanité en Jésus ressuscité et ressuscitant. Nos découvertes étonnantes et nos savoirs les plus élaborés ne sont-ils pas constamment dépassés par la grandeur de l'inconnu? Même l'infiniment petit, qui intéresse tellement le scientifique, est pénétré d'infini.

Nous ne vivons plus à l'époque du positivisme où l'on pensait qu'un jour les sciences expliqueraient tout, parce que la réalité est déterminée par des lois qui ne demandent qu'à être trouvées et énoncées. Les sciences d'aujourd'hui nous font entrevoir un réel toujours plus complexe, encore voilé, et elles n'ont pas encore les réponses aux questions qu'elles posent. Mais dans tout ce réel étudié, il y a celui de l'être humain qui est libre et qui cherche un sens à sa vie et à l'Univers. Expliquer le surgissement, le devenir et le sens des choses par le hasard ou par l'absurde serait loin d'être sérieux. Il s'agirait d'une démission honteuse de l'intelligence humaine. Je reconnais que la foi n'a pas réponse à tout, mais les sciences non plus. J'ai beaucoup de respect pour le travail des scientifiques qui me font découvrir les richesses insoupçonnées de la nature et qui contribuent même à en déployer les virtualités pour le développement de l'humanité. Des questions cependant demeurent incontournables, comme celle de l'origine et de la raison d'être de l'Univers, celle du sens de l'existence humaine, celle du pourquoi de la souffrance et de la mort. C'est dans ce cadre de questionnement qu'il faut situer la foi chrétienne et le Credo.

Les progrès de la science et de la technique nous permettent de mieux connaître et de mieux maîtriser notre Univers. Les conditions de vie ont été améliorées pour une grande partie de l'humanité, même si des techniques échappent à notre contrôle et menacent notre survie. Il nous arrive d'avoir peur devant nos propres réussites et nous nous questionnons non sans raison sur l'avenir de notre planète. La foi chrétienne encourage en un sens la maîtrise sur les éléments, car elle reconnaît que l'homme et la femme sont appelés à achever la création. Mais elle rappelle aussi la valeur unique de chaque personne; elle soutient qu'aucune ne saurait être sacrifiée sous le prétexte d'un progrès qui devient aveugle. Le croyant ne peut admettre qu'il appartient à la science seule, ni même aux juristes ou aux politiciens, de décider de la question du sens de l'existence. C'est pourquoi le chrétien doit faire entendre le message de l'Évangile et collaborer avec les scientifiques à faire naître un projet d'humanité où la personne n'est plus enfermée dans une rationalité de l'efficacité et du rendement. Le message de la foi chrétienne est encore plus profond et mystérieux, car il porte sur un événement non prévisible, non nécessaire, unique : la venue de Dieu dans notre monde en Jésus de Nazareth. Cet événement apporte une modification, voire un bouleversement, dans l'histoire du monde et il est porteur d'une signification de l'existence humaine. En tant qu'événement unique, il échappe à la science. En tant qu'il introduit une nouvelle façon d'être « qui vient d'ailleurs », qui n'est donc pas de notre monde, il relève d'une révélation qui ne peut être accueillie que par la foi. Il me semble que les scientifiques, et certains le font, peuvent s'ouvrir à ce « monde nouveau », du moins entrevoir qu'il existe et que des hommes et des femmes l'acceptent sans naïveté et sans illusion.

Entre la science et la foi, il y a moins de malentendus que dans les siècles passés, grâce à l'ouverture et à une meilleure compréhension tant du côté de l'Église et des penseurs chrétiens que du côté des scientifiques. Nous ne pouvons plus parler d'incompatibilité, mais plutôt de dimensions complémentaires de la recherche de la vérité. Le dialogue est encore trop rare, mais il est possible et nécessaire. Les sciences font découvrir au croyant la profondeur, la complexité et la richesse du monde; quant à la foi, elle peut indiquer au scientifique la signification ultime et la destinée de l'être humain et de son développement. On y perdrait beaucoup à ne pas tenir compte de l'apport de la raison et de celui de la foi, comme le reconnaît Jean-Paul II :

> La raison et la foi ne peuvent être séparées sans que l'homme perde la possibilité de se connaître lui-même, de connaître le monde et Dieu de façon adéquate. Il ne peut donc exister aucune compétitivité entre la raison et la foi : l'une s'intègre à l'autre, et chacune à son propre champ d'action[18].

---

18 JEAN-PAUL II, *Lettre encyclique Foi et Raison*, 1998, n° 16-17. Cette encyclique est très éclairante sur les rapports entre la foi et la raison, notamment entre la théologie et la philosophie. Dans le contexte culturel d'aujourd'hui, on peut regretter que les rapports entre la foi et les sciences n'y soient pas développés, car les sciences sont du domaine de la raison.

La rencontre de la science et de la foi ne me semble pas une utopie : le scientifique et le croyant peuvent proclamer ensemble le Credo. L'avenir du monde et de la société n'en sera que plus prometteur. Mais auparavant, un moment d'écoute réciproque et de dialogue s'impose encore.

« Autrefois les théologiens — qui étaient au pouvoir — ont trop parlé, se déclarant compétents sur tout. Est-ce que le retournement des situations ne conduit pas de nos jours certains savants à commettre le même type d'erreur et à trancher d'autorité en des domaines qui échapperont toujours à la science? Celle-ci éclaire un tronçon de route. Mais elle ne peut pas dire où va cette route. Il ne lui appartient pas d'affirmer qu'elle ne conduit nulle part. »

Jean DELUMEAU, *Ce que je crois*, Paris, Bernard Grasset, 1985, p. 26-27.

Chapitre 2

Le langage de la foi

*Il faut laisser la foi parler dans son propre langage
pour comprendre comment elle parle.*

Jean Ladrière[1]

Dans son commentaire sur l'affirmation du Credo
portant sur le Dieu créateur du ciel et de la terre,
Albert Jacquard nous apprend que les astrophysiciens
tentent toujours de s'approcher de l'instant initial de
l'Univers. En recourant à des calculs sophistiqués des
plus précis, ils prétendent arriver à l'état de l'Univers à
une seconde de son surgissement, puis à un dixième
et même à un millième de seconde... L'instant zéro
n'est pas atteignable. Pour en rendre compte, Jacquard
fait appel à une formule mathématique, le logarithme,
dans lequel il suffit de changer l'une des variables[2].
J'avoue mon ignorance : ce langage me dépasse. Même

---

[1] Jean LADRIÈRE, *L'articulation du sens : discours scientifique et parole de
la foi*, Paris, Aubier-Montaigne/Éditions du Cerf/Delachaux & Niestlé/
Desclée de Brouwer, 1970, p. 236.

[2] Albert JACQUARD, *Dieu?*, p. 74-75.

si celui-ci conduit à des résultats pour le moins impressionnants, il n'exclut pas le langage de la foi sur le Dieu Créateur.

En lisant Jacquard, j'ai eu l'impression qu'un seul langage était sérieux et adapté aux gens d'aujourd'hui : le langage des sciences. Les exemples de cette exclusivité ne manquent pas dans son ouvrage. Il suffit de relire ses exposés sur l'unicité de Dieu et sa toute-puissance, sur l'incarnation, sur la résurrection de Jésus et sur la vie éternelle. Pourtant, nous employons d'autres langages que celui des sciences. En effet, chaque discipline, chaque technique, chaque profession développe son langage qui est familier pour ceux et celles qui travaillent dans un tel domaine, mais étranger pour les autres. Quand on me parle d'informatique avec trop de détails et de précisions, je décroche... Oui, je me considère comme un « illettré » dans bien des champs du savoir et de la technique. Il est évident que le langage courant ne peut suffire à exprimer la diversité et la complexité des connaissances.

Alors pourquoi ne pouvons-nous pas ménager une place au langage de la foi chrétienne? Ce langage, à la fois riche et lourd d'une longue tradition, fait appel à des termes particuliers, à des images et symboles évocateurs de réalités reconnues par le croyant. Mes étudiants et étudiantes qui débutent en théologie doivent se familiariser avec tout un vocabulaire : économie du salut, dogme, canon de l'Écriture, eschatologie, kénose, kérygme, parousie, transcendance... Avec humour, le plus souvent avec impatience, ils dressent la liste des mots employés durant mes cours ou rencontrés dans leurs lectures et ils sont étonnés de ne pas toujours trouver leur signification dans le *Petit Robert*. N'est-il pas normal, pour chaque savoir, de créer son propre lexique? Nous sommes habitués à ce phénomène de la diversité des langages qui contribuent à transmettre des connaissances et aussi à assurer l'identité d'un groupe.

Je voudrais tout simplement attirer l'attention des lecteurs et lectrices du *Dieu?* de Jacquard sur la question de la diversité des langages pour mieux y situer le langage de la foi. Déjà au Ve siècle, saint Augustin écrivait dans le prologue d'un opuscule portant précisément sur la foi et le symbole : « Cette foi exige de nous le service du cœur et de la langue[3]. » En d'autres mots, Dieu nous donne de croire en lui et de parler de lui. Tout langage nous précède et, dans un sens, nous constitue. Nous héritons d'un langage de foi qui a certes ses limites, mais qui permet de nous exprimer, de nous faire comprendre et d'assurer notre identité chrétienne. Ce langage toutefois est de moins en moins la langue maternelle de la majorité des gens.

Pour traiter convenablement de la question du langage, abondamment étudiée depuis quelques décennies, il me serait nécessaire de référer aux travaux de la linguistique, de la sémiotique et des philosophies du langage, comme ceux de L. Wittgenstein, de D. Evans, de M.A.J. Greimas, de P. Ricœur. Ces études m'ont beaucoup apporté dans la recherche et

---

3   Saint Augustin, *De la foi au symbole*, c. 1 (*Bibliothèque augustinienne*, 9, p. 19).

l'enseignement de la théologie. Un tel développement serait toutefois trop long dans le cadre de cet ouvrage. Les spécialistes me pardonneront d'avoir opté pour une présentation très simple sur une question aussi complexe.

Des langages à ne pas prendre au pied de la lettre

Les langages des diverses sciences, avec leurs termes précis, sont nécessaires, mais il ne faudrait pas prétendre qu'ils sont les seuls à exprimer le réel. Ils sont maladroits et même incapables de dire nos sentiments, nos émotions, nos désirs, nos amours. Pour communiquer nos sentiments, nous avons spontanément recours à des images, à des comparaisons, à des métaphores. Quand la maman dit à son petit qu'elle serre bien fort dans ses bras : « Je t'aime tellement, ma puce, que je vais te manger », l'enfant n'a rien à craindre. De même, à la suite d'un concert, combien de fois ai-je entendu des mélomanes s'exclamer : « J'ai été transporté dans un autre monde! » Et pourtant, ils étaient toujours là.

Mentionnons aussi le langage de la poésie qui évoque le beau par des images, des allusions, les assonances des mots et le rythme des phrases. Les mots employés sont ceux du dictionnaire, mais leur arrangement permet de sortir de la banalité du quotidien, nous ouvrant ainsi sur des horizons insoupçonnés et invisibles de la réalité. Albert Jacquard, un scientifique qui est aussi un humaniste, est loin d'être fermé au langage de la poésie. Lors de notre rencontre au Salon du livre de Québec, je me suis permis d'attirer son attention sur la diversité des langages qui expriment le réel, chacun à leur façon. « *Dans la nuit, je voyais les étoiles danser entre les nuages.* Sans être la poésie de Mallarmé, cette phrase exprime-t-elle le réel? » lui ai-je demandé. Sa réponse fut affirmative, sans aucune hésitation. Aussi, dans son commentaire sur l'affirmation du Credo se rapportant à la vie éternelle, il ne trouve rien de mieux que de s'exprimer à la manière du poète Arthur Rimbaud pour évoquer l'éternité qui nous habite.

> Elle est retrouvée! Quoi? l'éternité.
> C'est ma conscience d'être et le temps entremêlés[4].

Plus nous entrons dans le domaine des relations humaines, de l'intériorité, du sens de l'existence, plus il est nécessaire de faire appel à un langage autre que celui des sciences. Pourquoi ne pourrions-nous pas le faire pour exprimer la foi?

L'originalité du langage de la foi

Les langages sont construits pour exprimer les réalités de notre monde limité. Nous arrivons à nous entendre en nommant les choses qui nous entourent. Nous parlons aussi des valeurs qui nous habitent : la justice, la générosité, la fidélité. Nous faisons l'expérience que tant qu'une réalité n'est pas nommée elle

---

4   Albert JACQUARD, *Dieu?*, p. 133. À la page 47, en reconnaissant que seul Dieu n'a pas besoin du regard des autres pour exister et qu'il est le seul à pouvoir dire de lui : « Je suis », l'auteur cite la célèbre phrase de Rimbaud, grammaticalement incorrecte, pour exprimer la réalité humaine : « Je est un autre. »

n'existe pas pour nous. C'est pourquoi nous sommes de plus en plus attentifs au langage inclusif dans nos conversations et nos écrits.

Mais pour évoquer Dieu et son intervention dans l'histoire, pour parler des origines de l'Univers et de notre destinée ultime, nos langages sont maladroits et inadaptés. Serions-nous contraints au silence? Non. Nous arrivons à en parler, même si le langage de tous les jours « manque d'air comme un avion qui vole trop haut, car il est fait pour nos réalités finies[5] ». Nous recourons à des images, à des métaphores, à des analogies, tout en étant conscients que notre langage est toujours une approximation. Les réalités évoquées nous dépassent, mais nous nous permettons d'en parler. C'est au moins un balbutiement. Les mots de la foi comportent un référent — nous en avons la conviction —, mais nous n'arrivons pas à le saisir pleinement et à le maîtriser. Ces mots nous permettent d'entrer, comme sur le bout des pieds, dans le monde de la foi, connu par une révélation venue d'ailleurs. Notre intelligence a la capacité de s'ouvrir sur l'infini, surtout avec le secours de l'Esprit qui a la mission de nous mener vers « la vérité tout entière » (*Jean* 16, 13).

Le langage de la foi peut laisser entendre que le croyant ne sait pas finalement de quoi il parle. Il dit d'abord que Dieu est juste, tout en s'empressant de préciser que Dieu n'est pas juste comme les humains

---

5   Bernard SESBOÜÉ, *Croire : invitation à la foi catholique pour les femmes et les hommes du XXIᵉ siècle,* Paris, Droguet et Ardant, 1999, p. 62. Je suggère la lecture du chapitre III de cet ouvrage, qui porte sur le langage pour les choses de la foi.

le sont. Il ajoute enfin que Dieu est juste comme seul Dieu peut être juste. Cette démarche, traditionnelle en théologie, associe la voie de l'affirmation et de la négation pour tendre vers l'infini que le croyant et la croyante reconnaissent mais qu'ils ne peuvent exprimer dans des termes clairs et définitifs. Il y a toujours quelques aspects à préciser et à ajouter, sans jamais trouver la satisfaction d'avoir les mots justes. Le langage de la foi évoque une réalité autre ou à venir, non vérifiable, avec des mots connus et appropriés aux réalités de notre monde. Cette réalité autre n'est indiquée que d'une manière contrastée ou analogique, en signalant tout à la fois une ressemblance et une plus grande dissemblance.

Les prophètes de l'Ancien Testament et même Jésus ont pris les mots de leur temps et de leur culture pour parler de Dieu et de la venue du Royaume. Même si leur message est traduit dans nos langues, il nous faut étudier des commentaires pour le comprendre et pour nous aider à franchir la distance culturelle entre les textes bibliques et la mentalité d'aujourd'hui. Jésus a certainement choisi les mots les plus justes et appropriés pour nous parler de Dieu, mais c'étaient des mots de sa culture, donc de notre monde. Dans la foi, nous acceptons que Jésus est l'homme qui a le mieux parlé de Dieu, mais même ses paroles n'arrivent pas à tout dire de Dieu.

> « Un des grands intérêts, pour la théologie, de l'étude critique du langage, est de lui permettre de mieux se saisir elle-même dans sa spécificité et de se débarrasser de l'espèce d'intimidation dont elle a parfois souffert, dans les temps récents, devant certaines formes du langage scientifique, ou du langage philosophique, ou du langage critique... »
>
> Jean LADRIÈRE, *L'articulation du sens*, II. *Les langages de la foi*, Paris, Les Éditions du Cerf, 1984, p. 116.

Quelques exemples du langage de la foi

Pour faire ressortir l'originalité du langage de la foi en rapport avec le langage scientifique, j'apporte quelques exemples en présentant le commentaire de Jacquard et le discours de la théologie contemporaine sur trois des affirmations du Credo.

Je crois en un seul Dieu...

Selon un langage scientifique

En affirmant que Dieu est le seul et unique Dieu, les religions monothéistes, selon Jacquard, « introduisent un lien entre l'évocation d'un au-delà indicible et une notion introduite par la plus humble des sciences, l'arithmétique[6] ». Jacquard se soucie de présenter brièvement à ses lecteurs et lectrices le

---

6   Albert JACQUARD, *Dieu?*, p. 35.

concept de « nombre », en se référant à la théorie du mathématicien John von Neumann pour qui le point de départ est le vide ou l'absence. Or, selon Jacquard, associer le concept de Dieu au nombre *un* implique une réflexion sur le vide, « comme si le chemin menant au monothéisme devait passer par l'étape de l'athéisme[7] ». À moins de se représenter Dieu, poursuit-il, comme un disque solaire, comme le faisaient les artistes égyptiens, puisque le cercle est la figure géométrique parfaite dont le centre est potentiellement présent dans notre pensée sans être visible. Jacquard conclut : « Cette métaphore rend peut-être moins douloureux le silence de Dieu qui bouleverse tant parfois ceux qui tentent de s'adresser à Lui[8]. »

À partir d'une théorie mathématique, Jacquard déclare que l'affirmation du Credo est un « pléonasme[9] », n'apportant tout au plus qu'une signification sur la singularité humaine. Il est vrai, reconnaît-il, en citant Lévinas, que « le monothéisme n'est pas une arithmétique du divin[10] ». Mais il interprète toutefois l'affirmation du Credo avec le concept de nombre qu'on applique aux réalités de notre monde. La question posée dans ce contexte montre qu'il ne saisit pas le donné de foi : « Pourquoi compter

7   Albert JACQUARD, *Dieu?*, p. 38.

8   Albert JACQUARD, *Dieu?*, p. 39.

9   Albert JACQUARD, *Dieu?*, p. 40.

10 Cette citation de Lévinas fut rappelée à Jacquard par le philosophe Jean Halpérin, spécialiste de la pensée juive. Je suis étonné que le scientifique ne donne pas ici la référence exacte à l'œuvre de Lévinas. Il procède ainsi lorsqu'il cite France Quéré (p. 64-65) et saint Augustin (p. 71).

les dieux, même si l'on met un terme à ce décompte dès le nombre un[11]? » L'unicité de Dieu est donc incompatible avec ses autres attributs et elle introduit en lui « une évocation de solitude[12] ». Selon Jacquard, « la religion catholique [...] bat en brèche cette unicité en distinguant trois personnes au sein de Dieu[13] », ou pire encore elle remplace cette unicité divine par « la dualité Dieu Satan ».

Voilà l'unicité de Dieu passée au crible du langage d'une certaine mathématique. Le langage de Jacquard sur l'unicité divine n'a rien en commun avec celui de la foi et affiche une ignorance profonde des interprétations données par la théologie et la philosophie au cours des siècles. J'ose penser que ce discours sur Dieu n'est pas représentatif de l'ensemble des scientifiques et des mathématiciens.

Selon un langage de foi

Dieu est certes au-delà du nombre. En reconnaissant l'unicité divine, le langage de la foi tient à exprimer que le vrai Dieu n'est pas en concurrence avec d'autres divinités. Dieu est à ce point unique et sans pareil qu'il n'en existe qu'un comme lui. Croire en un seul Dieu ne signifie pas donner sa confiance à un Dieu plutôt qu'à deux ou trois, comme si c'était une simple question de choix. C'est reconnaître que le Dieu révélé au peuple d'Israël et en Jésus Christ est

---

11 Albert JACQUARD, *Dieu?*, p. 36.

12 Albert JACQUARD, *Dieu?*, p. 36.

13 Albert JACQUARD, *Dieu?*, p. 40.

l'unique Dieu de tous les humains. La foi judéo-chrétienne se rapporte à un Dieu unique et exclusif; elle désacralise tout ce qui n'est pas lui.

L'affirmation du Dieu unique du Credo est la transcription chrétienne de la profession de foi quotidienne d'Israël : « Écoute, Israël : Yahvé notre Dieu est le seul Yahvé » (*Deutéronome* 6, 4). Elle représente l'héritage juif à l'intérieur du christianisme. Cette affirmation n'est pas une simple opinion mais une profession de foi. Elle signifie le refus des divinités des peuples environnants et elle exprime une lutte constante contre la multiplication et l'émiettement du divin.

En lisant les évangiles, toutefois, on peut constater que Jésus fait éclater une certaine conception du monothéisme d'Israël, donc de l'unicité divine, en révélant que l'unique Dieu est un mystère de relations dans la communion et l'unité. La foi en l'unique Dieu trinitaire ne prétend pas lancer un défi aux mathématiques, même si elle fait naître de grandes difficultés dans le cadre du discours rationnel toujours porté à démythiser. Tout en faisant appel aux nombres, la foi développe un autre langage, pour exprimer une réalité qui dépasse certes la raison, mais qui est lumière pour l'intelligence. À l'égard d'une réalité connue par la seule révélation en Jésus Christ, un langage nouveau, autre que celui d'une certaine mathématique, est non seulement nécessaire mais possible et intelligible. Pour nous en convaincre, il suffit de lire le *De Trinitate* de saint Augustin, l'une des œuvres théologiques qui illustrent de façon admirable la fécondité de l'intelligence humaine éclairée par la foi.

Je crois en un seul Dieu, le Père tout-puissant...

Selon un langage scientifique

Dans le polythéisme, les dieux se partagent l'exercice du pouvoir; chacun a son domaine privilégié. Mais dans le monothéisme, tous les pouvoirs sont concentrés dans le Dieu unique.

Jacquard ne prend pas de détour ou de précaution oratoire : le concept de toute-puissance divine, comme celui de liberté humaine, est un « leurre[14] ». La croyance en une toute-puissance, à laquelle nous faisons confiance pour orienter les événements selon nos désirs, est tout simplement « un résidu de nos réflexes d'enfants, lorsque nous nous sentions sans pouvoir et étions entourés de parents qui, eux, pouvaient agir[15] ». Le langage de la foi au Dieu tout-puissant est condamné par le tribunal sans appel des sciences montrant que l'Univers obéit, sans le moindre écart, à des forces clairement identifiées et à des lois inflexibles. La science connaît si bien le déroulement des forces dans l'Univers que « l'avenir est vu comme déjà défini par le présent[16] ». À partir de cette affirmation, Jacquard se permet d'entériner la vision de la « prédestination » proposée par Calvin, selon laquelle « le sort éternel de chacun de nous est déjà fixé ». Il ne peut admettre que Dieu puisse intervenir dans le monde concret, donc accomplir un miracle, sans se heurter à une incompatibilité entre les lois de

[14] Albert JACQUARD, *Dieu?*, p. 59.

[15] Albert JACQUARD, *Dieu?*, p. 64.

[16] Albert JACQUARD, *Dieu?*, p. 58.

la nature et l'action divine. Il reconnaît cependant que la physique quantique laisse place à une certaine probabilité qui permet de formuler l'hypothèse de la possibilité d'une intervention d'ailleurs, soit celle de la liberté humaine ou même celle de la toute-puissance divine[17].

Selon le texte de la Genèse, « emplissez la Terre et soumettez-la », Dieu, après l'avoir exercée, a délégué sa toute-puissance à la communauté humaine[18]. Nous sommes donc responsables de la marche de l'Univers et de l'histoire. La prière au Dieu tout-puissant n'a plus de sens, encore moins d'efficacité. Jacquard fonde son argumentation sur un « exemple caricatural » en se référant à l'hymne anglais adressé à Dieu, lui demandant de bien vouloir « sauver le roi ». D'après un statisticien anglais, cette prière ne semble pas efficace. Jacquard conclut : « En bonne logique, ce constat aurait dû entraîner l'abandon de ces paroles[19]. » Dieu n'a pas à être mêlé à nos insuffisances; c'est à nous, reconnaît-il, de prendre nos responsabilités pour ce qui se passe dans l'en deçà.

Le Credo ne présente pas d'explication à la toute-puissance de Dieu; il n'y a pas de « c'est-à-dire ». Jacquard en ajoute un, à partir de la mentalité scientifique. Mais rejoint-il le langage de la foi? Il m'apparaît évident qu'il y a place pour un autre langage que le sien. Je l'esquisserai ici, en m'inspirant des

---

17   Albert Jacquard, *Dieu?*, p. 60-62.

18   Albert Jacquard, *Dieu?*, p. 63.

19   Albert Jacquard, *Dieu?*, p. 64.

théologies contemporaines qui ont formulé des approches nous permettant encore aujourd'hui de réciter le Credo[20].

Selon un langage de foi

Je dois avouer que je ne suis pas à l'aise avec un certain discours sur la toute-puissance de Dieu, sur son intervention dans le monde et sur le rôle de la prière. Ce discours entretenu encore aujourd'hui dans l'Église, il faudrait l'abandonner pour rendre justice et à Dieu et aux humains. Beaucoup sont mal à l'aise devant l'expression « Dieu le Père tout-puissant ». Certains se sentent écrasés par un tel Dieu. D'autres s'imaginent que Dieu, qui peut tout faire, serait comparable à un empereur capricieux ou encore à un dramaturge suprême jouant avec les humains comme avec des marionnettes. D'autres encore arrivent à douter de l'existence de Dieu si sa puissance ne se manifeste pas où ils l'attendent. C'est pourquoi il est important de nous demander de quelle puissance il s'agit lorsque nous affirmons que Dieu est tout-puissant.

Dans le Credo, nous ne disons pas que nous croyons en un Dieu tout-puissant, mais bien en « un seul Dieu, le *Père* tout-puissant[21] ». Il s'agit de la

---

[20] Le discours sur la toute-puissance de Dieu a été renouvelé notamment par Maurice Zundel, François Varillon, Christian Duquoc, François Varone.

[21] Dans le texte original, en grec, nous lisons *Pantokratôr* qui est traduit par « tout-puissant ». Ce mot *Pantokratôr* peut être traduit par « Maître de toutes choses » et serait l'équivalent de « Yahvé Sabaoth », le Dieu des armées ou le Dieu des puissances. On peut donc affirmer que le mot

puissance d'un « père ». Cette différence est à signaler. La puissance de Dieu le Père n'est pas domination arbitraire pour nous écraser ou nous étonner; tout au contraire, elle suscite la vie, respecte la liberté des humains, relève ce qui tombe et même terrasse la mort. La toute-puissance de Dieu est celle de l'amour. En Jésus qui pardonne à ses bourreaux, la puissance de Dieu devient pardon. En Jésus qui meurt sur la croix, Dieu le Père nous aime jusqu'à l'extrême et il renonce par amour à prendre des moyens de puissance qui écraseraient les humains. Nous mettons notre confiance en ce Dieu qui « a tant aimé le monde qu'il a donné son Fils, son unique, pour que tout homme qui croit en lui ne périsse pas mais ait la vie éternelle » (*Jean* 3, 16). Dieu est un Père infiniment bon qui se soucie de tous les humains, bons et méchants (*Matthieu* 5, 45). Nous ne sommes pas ses esclaves; au contraire, il fait de nous ses fils et ses filles (*Galates* 4, 6) et même ses amis (*Jean* 15, 15). Et son royaume est celui de la liberté.

La foi en Dieu tout-puissant inspire la confiance et suscite la prière de demande qui ne vise pas à faire pression sur lui pour faire changer le cours des événements. Le prière nous transforme en nous rendant accueillants devant Dieu. C'est ainsi qu'elle est efficace. Elle ne justifie pas nos paresses et nos manques de prévoyance; elle est plutôt source de courage, de confiance et de générosité. Dieu est le Père tout-puissant, mais il n'est pas un « papa-gâteau » qui

---

vise à désigner Dieu comme le Maître ou le Seigneur du ciel et de la terre.

favoriserait une attitude infantile de notre part, en venant faire à notre place ce que nous pouvons et devons faire. Au contraire, Dieu nous veut adultes, capables de prendre nos responsabilités. Il est assez puissant et aimant pour respecter les humains qu'il crée libres, des « vis-à-vis » qui peuvent le nier et le refuser ou l'accueillir et collaborer avec lui. Rien ne lui résiste sauf la liberté humaine qu'il suscite. Quand les humains vivent pleinement et librement, c'est le signe le plus éloquent que la toute-puissance de Dieu est à l'œuvre et efficace.

> « La Toute-Puissance de Dieu est à l'extrême opposé de la *potentia* qu'imaginaient les hommes dans leur faiblesse originelle, et que maintenant, devenus riches et forts, ils récusent comme concurrentielle. L'humilité ne fait concurrence à rien. Elle est, à la fine pointe de la puissance, cette vulnérabilité d'un enfant couché dans une crèche et d'un jeune homme cloué sur une croix. Pourquoi faut-il, quand on prie liturgiquement "Dieu éternel et tout-puissant", qu'on ait tant de peine à se souvenir de la parole de Jésus : "Qui m'a vu a vu le Père"? Il n'y a pas d'autre Dieu que le Père de Jésus. »
>
> François VARILLON, *L'humilité de Dieu*, Paris, Le Centurion, 1974, p. 85.

… le Père tout-puissant,
créateur du ciel et de la terre…

Selon un langage scientifique

Dans les quelques pages de Jacquard sur le Dieu créateur, je lis les propos d'un scientifique qui s'intéresse aux origines de l'Univers et de la vie. Ce sont aussi les propos de beaucoup de nos contemporains. Ce langage suscite de l'intérêt et de l'émerveillement. Nous n'avons pas à le mettre de côté, car il nous apprend beaucoup sur le « comment » des origines du monde. Mais il ne rend pas compte de la foi du Credo. Il nous faudra donc un autre langage.

Avec ses connaissances d'homme de science, Jacquard relit le Credo de son enfance et il a encore en mémoire les explications fournies par ses parents, ses maîtres et les prêtres. Il est évident que « le ciel et la terre » sont maintenant beaucoup plus vastes depuis que les astrophysiciens ont découvert l'Univers en continuelle expansion, avec une vitesse vertigineuse. Le « ciel » est tellement plus que la voûte que nous observons au-dessus de nos têtes; la « terre », entourée d'étoiles et de planètes, est loin d'être au centre de l'Univers. Avec le développement des sciences et les approches philosophiques des deux derniers siècles, les questions sur les origines du monde se posent de façon nouvelle. Comment un Dieu peut-il avoir créé un Univers si vaste, toutes les formes de vie et leur évolution? A-t-on besoin de recourir à un être divin? Est-il possible d'affirmer un événement initial qui aurait mis en mouvement l'Univers et qu'on n'appellerait plus « création »? Ce mot « création » est-il de fait encore nécessaire et signifiant, alors que nous connaissons maintenant l'hypothèse du *big bang*[22], cette explosion initiale qui a mis en branle l'Univers?

Devant toutes les données de l'astronomie, de la physique et de la biologie, Jacquard se demande pourquoi dans ces conditions faire appel à un créateur. Sa réponse est claire, presque dogmatique : « Ce recours peut être considéré comme une démission de l'esprit face à un problème sans solution. Il peut suffire de le poser autrement. C'est souvent le chemin que prend la science, ce qui permet parfois des progrès décisifs[23]. » Jacquard ne voit plus la nécessité d'admettre un créateur divin puisque, selon l'astrophysicien Stephen Hawking qu'il cite, « si réellement l'univers se contient tout entier, n'ayant ni frontières ni bord, il ne devrait avoir ni commencement ni fin[24] ».

Dans les pages consacrées aux origines de l'Univers et à la toute-puissance de Dieu, Jacquard est d'une générosité inouïe. En rendant Dieu « innocent » de sa toute-puissance, cela permet « de ne plus encombrer notre interrogation à Son propos de responsabilités qui

---

[22] Il est intéressant de savoir que l'hypothèse du *big bang* a été formulée par un prêtre belge, un mathématicien-cosmologiste. Il s'agit de Georges Lemaître (1894-1966), professeur à l'Université catholique de Louvain. Voir sa biographie écrite par Dominique LAMBERT, *Un atome d'univers : la vie et l'œuvre de Georges Lemaître* (coll. *Au singulier*, 2), Bruxelles, Éditions Lessius/Éditions Racine, 2000, 376 p.

[23] Albert JACQUARD, *Dieu?*, p. 76.

[24] Albert JACQUARD, *Dieu?*, p. 77. En note, Jacquard mentionne l'ouvrage de Hawking, mais sans indiquer la page où se trouve la citation. À mes étudiants en théologie, je dis : « Ce n'est pas scientifique. »

ne sont pas les Siennes[25] ». Il s'agirait même de mieux respecter Dieu en ne l'impliquant pas dans tout ce « gigantesque bricolage » qui a nécessité l'évolution des êtres vivants de notre monde. Il termine sa réflexion ainsi : « Ne Lui attribuer ni le rôle du créateur ni la toute-puissance ne rapetisse pas Dieu; cela permet au contraire à ceux qui recherchent une rencontre indicible de l'espérer avec plus de confiance[26]. »

Ce Dieu que laisse entrevoir Jacquard est loin d'être Celui que nous révèle la Bible et qu'exprime le Credo. Le langage de la foi nous parle autrement de Dieu.

> « Croire au créateur du monde, c'est affirmer dans une confiance lucide que le monde et l'homme ne sont pas inexplicables dans leur origine ultime, que le monde et l'homme ne sont pas jetés absurdement du néant dans le néant, mais que, au total, ils ont sens et valeur, qu'ils ne sont pas chaos mais un cosmos, que, en Dieu leur fondement et leur auteur premier, leur Créateur, ils ont aussi leur première et leur ultime sécurité. Rien ne m'oblige à cette foi. Je peux me décider pour elle en toute liberté! Mais quand j'ai fait mon choix, cette foi change ma position dans le monde, mon attitude envers lui; elle représente un ancrage pour ma confiance originaire, et elle concrétise ma confiance en Dieu. »
>
> Hans Küng, *Dieu existe-t-il?*
> *Réponse à la question de Dieu dans les temps modernes*,
> Paris, Éditions du Seuil, 1981, p. 741.

---

25 Albert Jacquard, *Dieu?*, p. 77.
26 Albert Jacquard, *Dieu?*, p. 78.

Selon le langage de la foi

Le message chrétien sur la création n'apporte pas de réponse à la question du « surgissement » de l'Univers. Cela peut paraître décevant, car nous tenons à combler notre curiosité et nous cherchons à savoir comment Dieu a créé concrètement l'Univers. Cette curiosité est légitime et elle peut être satisfaite, du moins en partie, par les hypothèses scientifiques. Le langage de la foi tente d'évoquer l'origine de l'Univers sans s'opposer aux données scientifiques des dernières décennies. Ce langage se situe sur un autre plan, dans un autre créneau de connaissance, où il n'existe pas d'opposition entre la liberté créatrice, l'autonomie de l'Univers et la responsabilité humaine.

Selon la foi chrétienne, Dieu crée un monde autre, différent de lui. Nous ne sommes pas des parcelles de Dieu. La distinction entre le Créateur et sa création est capitale pour ne pas tomber dans le panthéisme où Dieu et le monde se confondent plus ou moins. En ce cas, nous ne serions ni libres, ni autonomes, ni responsables. C'est pourquoi il ne faut pas nous représenter la création comme si le monde sortait de Dieu, à la manière du ruisseau jaillissant de la source. Chaque année, je suis étonné de constater que plusieurs de mes étudiants et étudiantes se considèrent comme des « parcelles » de Dieu. Peut-être sous l'influence du Nouvel Âge, ils se voient spontanément comme des émanations, certes limitées, du Dieu Créateur.

Évitons de concevoir la création à la manière dont nous fabriquons des objets ou dont nous « créons » des œuvres d'art. Nous ne faisons que transformer une chose en une autre, même s'il y a plus dans le cas d'une œuvre d'art. Le Dieu créateur, lui, fait exister tout ce qui est, y compris la matière. Il ne produit pas le monde comme le potier fait un vase, même si cette image vient de la Genèse. Dieu crée « à partir de rien ». Tout ce qui existe ne dépend que de lui et trouve en lui son fondement dernier. Il n'a pas créé à partir du néant, comme si le rien était une sorte de vide positif, une sorte de matière à transformer. Dieu fait surgir le monde comme une réalité tout à fait nouvelle qu'absolument rien n'a pu préparer. Il est le fondement du monde qui ne dépend ultimement que de lui. Ainsi tout ce que nous sommes et tout ce qui existe est don.

La création ne se réduit pas à la question du commencement de l'Univers, comme le pense Jacquard. On imagine trop souvent la création comme un événement situé dans un passé lointain, à des milliards d'années, à la manière du *big bang* dont parlent les scientifiques. Après cet événement initial, les choses auraient évolué pour aboutir au monde actuel. On se représente alors Dieu comme celui qui aurait construit le monde au début et puis l'aurait laissé évoluer. Au contraire, nous croyons que Dieu n'a pas créé le monde une fois pour toutes dans le passé et qu'il se « repose » depuis ce moment. Il est toujours en train de créer et de maintenir dans l'existence le monde et chacun, chacune de nous. Sans son action permanente, tout retomberait dans le néant. C'est pourquoi avec la foi au Dieu créateur, nous sommes certains que notre vie n'est pas vaine ni menacée par le vide, mais que nous sommes toujours en relation avec lui, même dans la mort.

Ce langage de la foi sur le Dieu créateur que je viens de présenter dans ses grandes lignes n'est pas en opposition avec celui des sciences. Du moins, c'est ma conviction. Il a le mérite d'apporter une réponse signifiante non pas au « comment » mais bien au « pourquoi » de l'existence de l'Univers.

Le Credo, toujours à réinterpréter

Jacquard relit le Credo de son enfance, le symbole des Apôtres, que l'Église proclame encore de nos jours. Ce Credo, il ne l'a pas reçu sans les interprétations de la théologie et de la prédication de l'époque. Lorsqu'il le commente maintenant, il le place devant le tribunal des sciences du début du XXIᵉ siècle. Son projet est certes légitime et même nécessaire, mais Jacquard oublie que les croyants et croyantes d'aujourd'hui lisent le Credo avec les acquis de la théologie récente. C'est toujours le même Credo, mais interprété différemment sur plus d'un aspect. En effet, nous sommes attentifs dans l'Église, depuis quelques décennies, à la diversité des langages et aussi à l'interprétation des textes, appelée « herméneutique ». Ce mot forgé par les Grecs, en référence au prétendu inventeur du langage, le dieu Hermès, se rapporte à la science de l'interprétation que tous les savoirs, faisant référence à des textes, ne peuvent se permettre d'ignorer. S'appuyant sur les textes de la Bible et de la tradition chrétienne, la théologie ne pouvait échapper à l'apport de l'herméneutique. Avec raison, on parle du « tournant herméneutique » de la théologie contemporaine[27].

Les textes bibliques et le Credo portent sur des vérités sur Dieu, mais aussi sur ses interventions, comme la conception virginale de Jésus, sa mort, sa résurrection et son retour glorieux. Nous devons reconnaître qu'il n'y a pas d'approche directe et immédiate des événements en dehors du langage, qui est déjà une interprétation. Cela est vrai pour les événements de l'histoire du salut. Quand nous proclamons dans le Credo : « Pour nous les hommes, et pour notre salut, il descendit du ciel », nous rejoignons l'événement de l'incarnation, mais à travers une interprétation de la foi des premières générations chrétiennes. Même les expressions « il ressuscita le troisième jour, conformément aux Écritures » et « il reviendra dans la gloire » sont des langages qui nous renvoient à des événements auxquels personne n'a un accès direct. Le langage des écrits bibliques et celui du Credo sont le résultat de plusieurs interprétations — dans un contexte religieux d'une culture particulière à un moment du développement de la foi — de témoignages premiers qui sont eux aussi des interprétations. Le problème herméneutique est donc présent aux origines mêmes du christianisme.

Les premières communautés chrétiennes ont vécu durant cent cinquante ans en n'ayant comme livres

---

27 Voir Claude GEFFRÉ, *Croire et interpréter : le tournant herméneutique de la théologie*, Paris, Les Éditions du Cerf, 2001; ID., *Le christianisme au risque de l'interprétation* (coll. *Cogitatio Fidei*, 120), Paris, Les Éditions du Cerf, 1983; Werner G. JEANROND, *Introduction à l'herméneutique théologique* (coll. *Cogitatio Fidei*, 185), Paris, Les Éditions du Cerf, 1995.

sacrés que ceux de l'Ancien Testament, qui leur permettaient de comprendre et d'exprimer l'événement Jésus Christ. Leurs témoignages de foi ont donné naissance aux écrits du Nouveau Testament. Ensuite, les Pères de l'Église et les conciles ont continué ce processus d'interprétation, selon les besoins des communautés chrétiennes et selon les cultures grecque et latine. Il est facile de comprendre que ce processus est toujours en marche, car nous vivons dans une culture marquée par la critique et les sciences. Puisque nous avons une conception de l'existence humaine et de l'Univers différente de celle du passé, des questions inédites surgissent à propos des expressions traditionnelles de la foi.

Nous sommes toujours à la recherche du sens des textes fondateurs de la foi, avec des méthodes nouvelles. Une manière renouvelée de faire la théologie et de professer la foi est donc nécessaire, afin de surmonter l'écart entre l'expérience chrétienne que nous accueillons dans la foi et l'expérience humaine des gens d'aujourd'hui. Cette nécessité, je le reconnais, n'est pas toujours admise par les autorités officielles de l'Église. L'interprétation fondamentaliste de la Bible est courante dans plusieurs milieux protestants. On discerne aussi dans l'Église catholique un certain fondamentalisme à l'égard des affirmations du Credo et des dogmes[28]. Cette dernière tendance s'exprime par une peur exagérée de dévier du sens, prétendu original

---

[28] Sur la tentation fondamentaliste, lire les articles de Sébastien FATH, de Jean Louis SCHLEGEL, de Joseph MOINGT qui sont parus dans la revue *Spiritus,* n⁰ 171, juin 2003.

et conséquemment le seul vrai, des affirmations traditionnelles de la foi. Pour garder vivante la foi de l'Église, nous avons la responsabilité de l'interpréter pour aujourd'hui, donc de faire une herméneutique des dogmes. L'intérêt que suscite le *Dieu?* de Jacquard nous presse de nous mettre au travail avant qu'il ne soit trop tard.

Pour commenter le Credo de son enfance, Albert Jacquard ne semble pas bien « outillé », car il ne montre pas qu'il est familier avec la théologie et la prédication contemporaines ni avec la tradition d'interprétation toujours plus ou moins présente dans la vie de l'Église. Il est exact de reconnaître que le « croyable disponible » se modifie sans cesse. En d'autres mots, ce qui était possible, pensable autrefois, ne l'est plus nécessairement. Les sciences ouvrent de nouvelles avenues au « croyable disponible » et exigent ainsi une interprétation nouvelle et parfois inédite des expressions traditionnelles de la foi chrétienne. C'est pourquoi la théologie, un peu comme toute œuvre littéraire, est un phénomène de « réécriture » à partir d'écritures antérieures et, ultimement, de la Bible et des Credo. Une certaine rupture avec les écritures antérieures est nécessaire pour produire des écritures nouvelles. Mais d'où vient cette rupture? Elle vient du regard de foi sur l'accomplissement du salut en Jésus Christ qui est à l'œuvre, mais aussi de la prise de conscience de l'action de l'Esprit aussi bien dans les réussites et les échecs de l'histoire d'hier que de celle d'aujourd'hui. Le livre de Jacquard nous rend certes plus attentifs à la mentalité scientifique qui forge la conscience contemporaine et nous stimule à produire un nouveau langage de foi. Mais j'ai l'impression qu'il considère le langage traditionnel de la foi avec une certaine condescendance, un peu comme les vestiges d'un monde révolu. Pourtant, le langage de la foi est le témoin, devant la raison moderne et scientifique, de la question la plus ancienne et la plus actuelle : la question de Dieu.

L'herméneutique chrétienne vise à ce que l'enseignement de l'Église ne soit pas que la transmission d'un passé révolu mais une parole actuelle, interpellante et signifiante pour les hommes et les femmes d'aujourd'hui. La tâche de la théologie, de la prédication et de la catéchèse consiste à faire retentir une parole qui est encore « esprit et vie ». Il serait illusoire de prétendre réussir à transmettre un texte, même le Credo, considéré comme intouchable, auquel on se limiterait à joindre des commentaires ne visant qu'à l'illustrer et à l'adapter à la situation présente. Nous ne sommes pas seulement en présence d'un simple problème de pédagogie. Pour franchir la distance culturelle entre les formulations anciennes du Credo et l'expérience humaine et croyante d'aujourd'hui, la théologie doit nécessairement prendre le tournant herméneutique. Depuis plusieurs décennies, la théologie a effectivement pris ce tournant, mais Albert Jacquard l'ignore, du moins il n'en tient pas compte.

Pas de langage de foi sans l'implication personnelle

Bien des étudiants et étudiantes sont étonnés, au début de mes cours de théologie, lorsque j'affirme que nous ne pouvons pas faire de la théologie sans la foi. Il est certes possible, sans nous impliquer dans notre foi personnelle, de mener des études sérieuses et critiques sur le christianisme — ses croyances, son histoire et ses pratiques — avec l'aide des philosophies et des sciences humaines. Ainsi, je peux étudier l'islam sans partager la foi musulmane. Dans ce cas, il s'agit des « sciences religieuses » ou, mieux encore, des « sciences de la religion ». Pour faire de la théologie chrétienne, je dois m'impliquer dans ma foi. Selon l'heureuse expression de saint Anselme de Cantorbéry (1033-1109), la théologie est « la foi qui cherche à comprendre ». En d'autres mots, elle est la foi dans l'intelligence. Le message de la révélation en Jésus Christ est accepté par la foi, mais la foi en liaison avec la raison et ses moyens de connaître. Ainsi le discours de la foi ne saurait être neutre. L'implication de la foi du croyant n'est pas facultative et elle doit passer par l'épreuve de la pensée. La théologie porte sur le même contenu que la foi; elle se permet de prolonger son « dire » et de le développer de façon critique en faisant appel à la raison. La théologie demeure donc toujours dans l'orbite de la foi, mais elle s'en distingue, en prenant des formes différentes selon les cultures et, surtout, en se permettant des développements qui peuvent être des aventures risquées, afin de toujours mieux comprendre. Mais la théologie ne s'engage pas sur la bonne voie si l'acquisition de connaissances fait de la foi un savoir érudit qui ne transforme pas de quelque manière le théologien ou la théologienne.

La foi chrétienne se vit dans une communauté et elle s'exprime de diverses façons qu'il ne faut pas confondre. La théologie suppose d'autres langages qui la précèdent. En plus des expressions de foi des textes fondateurs — la Bible —, qui sont comme sa source, il y a les langages de la liturgie, de la prédication, du Magistère et du Credo. Il ne faut pas confondre ces divers langages qui sont à interpréter différemment. En professant la foi par le Credo, le croyant s'implique personnellement : « Je crois. » Dans un sens, il ratifie ce qu'il affirme et il s'engage. Il n'exprime pas qu'une pensée, une théorie, encore moins une hypothèse, comme on le fait dans le domaine des sciences. Dans la profession de foi, le croyant se livre non pas à une idée, même la plus généreuse comme « Aimez-vous les uns les autres », mais au mystère de Dieu révélé en Jésus Christ et interprété à l'intérieur d'une communauté chrétienne. Les affirmations de la foi, le croyant les reconnaît comme vraies et salutaires pour lui[29].

Le regard de l'étranger

Albert Jacquard, un scientifique agnostique, a pris l'initiative de commenter le Credo. Nous ne vivons plus à l'ère de l'arcane, c'est-à-dire du secret qui régnait aux premiers siècles du christianisme. Une loi interdisait alors aux chrétiens de parler ouvertement de certains rites devant les incroyants. Le Credo a pignon sur rue. Tous peuvent l'entendre, tous peuvent le commenter. On ne saurait donc refuser le droit de parole à qui que

---

29   Il conviendrait d'aborder ici la question de la vérité du langage de la foi. Je suggère fortement l'article de Jean Ladrière, « La vérité et ses critères », dans *Revue théologique de Louvain*, 18, 1987, p. 147-170.

ce soit, surtout pas à celui qui veut relire le Credo qui a marqué son enfance.

Des airs de famille, des coutumes et même la langue d'un peuple peuvent se perdre. Nous le savons d'expérience. De même, ce qui est requis pour saisir le sens des affirmations du Credo peut se perdre. En effet, si on prend ses distances à l'égard de la communauté chrétienne, si on ne participe plus à ses célébrations liturgiques, si on n'écoute plus la parole qui circule dans la théologie et la catéchèse, est-il encore possible de saisir le sens des affirmations du Credo? On se souviendra encore de mots si souvent répétés, mais ceux-ci prennent un autre sens en dehors de la vie qui les a suscités et qui s'est développée.

Le commentaire de Jacquard sur le Credo n'est pas sans intérêt pour les gens cultivés, même pour les croyants et croyantes. Pour que la foi ne s'endorme pas dans ses certitudes et pour qu'elle puisse toujours s'émerveiller de sa propre vérité, elle a besoin d'être réveillée et stimulée par la contestation. Il reste que c'est le commentaire d'un homme qui est devenu un étranger. Un étranger nostalgique, toujours en contact avec son pays d'origine. Il est bon de le lire, car le regard de l'étranger est souvent nécessaire pour mieux prendre conscience de qui nous sommes[30].

---

30 Voir Adolphe GESCHÉ, *Dieu pour penser*, VII. *Le sens*, Paris, Les Éditions du Cerf, 2003, p. 177-142.

« Le jugement prononcé par autrui n'entraîne pas pour le catholique un relâchement de sa foi : il lui précise une vocation. Il ne l'invite pas au renoncement, d'ailleurs illusoire, qui le pousserait à vouloir rejoindre ce qu'est l'autre, ou à identifier la vérité à une position adverse (après avoir voulu ramener celle-ci à la sienne propre!). Mais le fidèle ne rendra jamais meilleur témoignage à la vérité qu'en reconnaissant une exigence intérieure grâce à l'opposition venue du dehors et en découvrant dans la critique un appel de ce qu'il défend : il manifeste de la sorte la nature d'une vérité qui, jamais étrangère à la loi de sa conscience, lui rend les autres toujours plus indispensables, et Dieu, toujours plus grand. »

Michel DE CERTEAU, *L'étranger ou l'union dans la différence*, Paris, Desclée de Brouwer, 1969, p. 41-42.

Chapitre 3

Des évangiles au Credo

Le christianisme n'est pas, en dernière analyse,
une doctrine de la vérité ou une interprétation de la vie.
Il est cela aussi; mais là n'est point le cœur de son être.
Ce dernier est formé par Jésus de Nazareth,
par son existence concrète,
son œuvre, sa destinée et donc
par un personnage historique.

Romano Guardini[1]

Le Credo est le point de départ des réflexions qu'Albert Jacquard nous livre dans son ouvrage. Sans nous tracer clairement les étapes de son itinéraire, son retour au Credo l'a conduit au Sermon sur la montagne, qu'il réduit à l'amour du prochain et des ennemis. Jacquard exprime sa découverte de façon à la fois concise et simpliste, comme si le contenu de la foi n'avait pas d'importance ni d'incidence concrète sur la

---

[1] *L'essence du christianisme*, Paris, Éditions Alsatia, 1948, p. 13.

vie : « Le premier décrit ce qu'il faut croire, le second propose ce qu'il faut vivre[2]. »

La profession de foi de l'Église ne l'a pas conduit au vrai Dieu, mais plutôt à des croyances qui lui apparaissent comme le résultat de sanglants affrontements et qui ont provoqué, au cours des siècles, des haines et des conflits entre les peuples[3]. Son ouvrage serait-il une invitation à ne pas se fier au Credo — et, on pourrait ajouter, au catéchisme et à la théologie — pour rejoindre Dieu? Pourquoi alors ne pas lui suggérer de s'engager sur un chemin plus sûr et plus prometteur, le chemin que Dieu lui-même a pris pour se communiquer aux humains? Ce chemin nous est clairement tracé et il porte un nom bien de chez nous : Jésus de Nazareth, dont témoignent les quatre évangiles.

Jacquard n'a pas emprunté ce chemin. Il reconnaît que les affirmations du Credo revêtent une autorité unique et qu'elles sont présentées « comme venues de l'*au-delà*[4] ». La foi, poursuit-il, est une adhésion ou encore une réponse à « un appel venant de l'extérieur[5] ». Il admet qu'il y a « une intrusion de l'*au-delà* dans notre *en deçà*[6] » que nous appelons révélation faite à des hommes privilégiés ou à des prophètes, tels Moïse et Mahomet. Comme scientifique, Jacquard n'est

---

[2] Albert JACQUARD, *Dieu?*, p. 140.

[3] Albert JACQUARD, *Dieu?*, p. 140-141.

[4] Albert JACQUARD, *Dieu?*, p. 19.

[5] Albert JACQUARD, *Dieu?*, p. 22.

[6] Albert JACQUARD, *Dieu?*, p. 23.

pas à l'aise devant le fait d'une révélation, pourtant attestée dans l'histoire religieuse de l'humanité, qui nous communiquerait des connaissances sur l'au-delà et sur le destin des humains. Tout en reconnaissant la sincérité des bénéficiaires d'une révélation, il se donne comme règle — serait-ce là un nouveau dogme? — « de ne jamais recourir à une révélation, c'est-à-dire à une parole venue d'ailleurs et supposée être par nature conforme à la vérité[7] ». Pour Jacquard, adhérer à une vérité sans lui faire passer l'épreuve du doute, de l'expérience, de la vérification n'est pas une attitude scientifique, donc sérieuse.

Le Credo n'est pas tombé du ciel

Il convient de rappeler que les affirmations du Credo expriment la révélation accomplie en Jésus Christ, mais qu'elles sont formulées par les croyants et croyantes d'une culture et d'une époque. Le Credo n'est pas tombé du ciel; il n'est pas non plus le simple produit de l'imagination religieuse, dans un contexte culturel déterminé et tout à fait dépassé. Ses affirmations sont certes marquées par les débats et les discussions d'une époque qu'il est nécessaire de connaître pour les interpréter correctement. De plus, le Credo est loin d'être une liste ou un catalogue exhaustif des vérités de la foi chrétienne. Il ne prétend pas tout dire, il se limite à l'essentiel. Ses affirmations sont l'écho fidèle de la foi de l'Église des débuts et un condensé du message de Jésus, sans toutefois exprimer

---

7   Albert JACQUARD, *Dieu?*, p. 44-45.

toute la richesse et la fraîcheur de l'Évangile. N'oublions pas qu'une distance demeure toujours entre l'Évangile et le Credo, comme entre la foi et ses expressions. Pour demeurer vivant, le Credo a donc besoin de la communauté croyante et de la prédication. Il y a toujours eu une doctrine chrétienne, plus large et plus riche, qui se diffuse concrètement au gré des circonstances et grâce aux penseurs chrétiens. La pensée chrétienne est plus qu'un simple commentaire du Credo. Elle embrasse plus grand, étant enracinée dans l'Écriture, attentive au vécu de foi des croyants et croyantes d'hier et d'aujourd'hui et ouverte aux diverses cultures.

La foi chrétienne est toujours accompagnée de parole, sans s'y réduire cependant. Dans les évangiles, nous constatons que l'accueil de Jésus et de son message fait jaillir une parole articulée : « Tu es le Christ, le Fils du Dieu vivant » (*Matthieu* 16, 16). L'acte d'adhésion au Christ est riche de sens qui doit être formulé et exprimé. La foi n'est pas un vague sentiment ni une mystique attrayante qui n'auraient finalement comme réalité que leur authenticité. Comme accueil du Dieu qui parle dans l'histoire d'Israël et en Jésus, la foi n'est pas un cri[8].

En lisant *Dieu?*, il est facile de constater que son auteur n'est pas assez familier avec la théologie et la prédication d'aujourd'hui pour commenter le Credo. Jacquard parle effectivement du Credo que nous

---

8   Cette formule est le titre d'un livre de Henri DUMÉRY (Paris, Casterman, 1957). Cet ouvrage conserve encore tout son intérêt.

proclamons le dimanche, mais sans la vie de foi et la doctrine chrétienne qui l'accompagnent et le soutiennent. Le Credo est ainsi devenu, pour lui, « un champ de ruines[9] ». Puisqu'il est incohérent avec nos idées et nos mots de tous les jours, pourquoi ne pas l'abandonner pour de bon? C'est ce que Jacquard suggère : « Pourquoi laisser notre bouche prétendre que nous "croyons" à toutes ces formules, alors que notre raison les trouve contraires au sens commun ou dépourvues d'intérêt[10]? »

Des « symboles » de la foi

Les deux principales professions de foi de l'Église sont appelées « symboles » : le symbole des Apôtres en Occident et celui de Nicée-Constantinople qui nous vient d'Orient. Pour bien comprendre cette appellation, il est éclairant de recourir à son étymologie : le mot grec *sumballein* qui signifie « mettre ensemble », « réunir ». Dans l'Antiquité, ce mot renvoie à une coutume utilisée dans les contrats entre commerçants ou encore dans des ententes entre peuples voisins. Les contractants brisent en deux un objet quelconque — une tablette, une pièce de monnaie, un anneau. Chacun en garde avec soin un fragment, comme garantie de l'accord conclu. Il peut le transmettre à ses héritiers. Plus tard, même après des années, les morceaux rassemblés permettent de se reconnaître, de se faire

---

9   Albert Jacquard, *Dieu?*, p. 125.
10   Albert Jacquard, *Dieu?*, p. 128.

confiance et de se rappeler ses engagements. Ce fragment-témoin était appelé « symbole[11] ».

En nommant « symboles » les professions de foi, nous exprimons à la fois leur signification et leur fonction. Elles correspondent à une alliance contractée entre le croyant et Dieu tout en évoquant les réalités invisibles du monde de Dieu. Dans des mots différents de ceux de la Bible et adaptés à une autre culture, mais toujours limités, les professions de foi renvoient à des mystères indicibles. L'Église n'exprime sa foi que comme « symbole », c'est-à-dire comme une moitié brisée, qui n'est vérité que par sa relation à ce qui est tout autre et à quoi elle vise au-delà d'elle-même : les mystères de Dieu et du salut. Les affirmations de la foi ne sont pas creuses; elles se rapportent à des réalités devenues accessibles grâce à la lumière de la révélation, même là où nous aurions de nos jours une autre manière de les formuler.

De plus, les professions de foi sont des signes de reconnaissance, des mots de passe ou des pièces d'identité qui permettent de nous retrouver entre frères et sœurs d'une même famille. Elles créent et expriment ainsi la communion dans l'expression d'une même foi. Chaque croyant n'a la foi que comme « symbole », c'est-à-dire comme une pièce incomplète et brisée qui

---

11 La notion de « symbole » est abondamment utilisée dans les philosophies du langage, parce que le langage humain repose sur un jeu complexe de correspondances entre les signifiants. La théologie contemporaine profite de ces études. Le mot « symbole » a été employé entre autres dans la théologie sacramentaire. Il a permis de mieux saisir la signification des sacrements, qui sont des actions symboliques.

ne trouve son intégrité qu'en s'unissant aux autres croyants et croyantes. Le symbole des Apôtres commence par les mots « Je crois ». Par contre, la profession de foi des deux premiers conciles œcuméniques débute, dans le texte grec original, par « Nous croyons ». Les deux formules ne se contredisent pas et leur différence exprime une tension inscrite dans la nature même de la foi. La foi est une décision personnelle que personne ne peut prendre à notre place. Mais personne ne peut croire seul : nous recevons la foi de ceux et celles qui ont cru avant nous et chacun de nous est porté dans sa foi par d'autres qui croient avec lui. C'est pourquoi nous croyons en Église.

Beaucoup ne voient dans l'Église qu'une organisation ou encore une institution rigide et moralisatrice. Sans doute le visage de l'Église, dans le passé comme dans le présent, a-t-il été souvent défiguré par les fautes de ses membres. Sa grandeur n'en reste pas moins d'avoir remis le Credo à chaque baptisé et d'avoir porté et nourri la foi au vrai et unique Dieu, le Père, Jésus le Fils et l'Esprit Saint. Le langage de la foi, nous l'apprenons de l'Église. C'est par la médiation de l'Église, à l'intérieur d'elle, que le chrétien et la chrétienne peuvent dire en toute vérité : « Je crois en Dieu. »

> « Nous qui sommes chrétiens et qu'on désigne de ce nom, nous ne croyons pas en Pierre, mais en Celui en qui Pierre a cru, et nous sommes ainsi "construits" par les paroles de Pierre annonçant le Christ. »
>
> SAINT AUGUSTIN, *La Cité de Dieu*, 1, 8, c. 54, n° 1
> (*Bibliothèque augustinienne*, 36, p. 686-688).

Des symboles nés de la fontaine baptismale

Le symbole des Apôtres et celui de Nicée-Constantinople sont, à l'origine, des professions de foi baptismale[12]. À la demande de Jésus ressuscité, le baptême est donné au nom du Père, du Fils et du Saint-Esprit. Cette dimension trinitaire du baptême chrétien est si fondamentale que l'Église ancienne l'a accompagnée d'un rite particulier : la triple immersion ou plongée dans l'eau. C'est dans la célébration du baptême que sont nés les divers Credo qui reprendront toujours la structure trinitaire.

J'ose espérer que la revitalisation de la foi chrétienne viendra d'une redécouverte de l'importance et du rôle du baptême, ainsi que d'une nouvelle pratique baptismale. Nous baptisons encore les nouveaux-nés dans la foi de l'Église, concrètement dans la foi des parents, et plus tard ces baptisés apprendront peut-

---

12 Lire Jean-Noël BEZANÇON, « Quand le Credo sort de l'eau : le baptême », dans *Dieu n'est pas solitaire : la Trinité dans la vie des chrétiens*, Paris, Desclée de Brouwer, 1999, p. 33-51.

être le Credo. Lors des rencontres de préparation au baptême, j'ai constaté plus d'une fois l'embarras des parents devant l'énoncé des trois questions qui leur seront posées : « Croyez-vous en Dieu, le Père tout-puissant, créateur du ciel et de la terre? Croyez-vous en Jésus Christ, son Fils unique, notre Seigneur...? Croyez-vous en l'Esprit Saint...? » Pour bien des parents, ces affirmations sont loin de correspondre à ce qu'ils pensent vraiment. Il serait grave, dans ce contexte, d'aménager une confession de foi sur mesure qui leur permettrait d'affirmer ce qu'ils croient. L'Église ne baptise pas au nom de l'amour ou de la justice ni au nom d'une divinité diffuse. L'originalité du baptême chrétien est de nommer le Père, le Fils et l'Esprit.

Dans l'Église ancienne, on prenait le temps d'initier les catéchumènes en leur annonçant l'Évangile et en l'expliquant longuement. Lorsqu'ils étaient suffisamment initiés, on leur remettait le Credo et le Notre Père qu'ils devaient mémoriser. Dans la nuit de Pâques, après avoir exprimé leur adhésion au Credo, ils étaient baptisés. Dans le contexte culturel et religieux actuel, ne serait-il pas urgent de reprendre cette pratique ancienne pour que les baptisés puissent proclamer avec vérité le Credo[13]?

En lisant le livre de Jacquard commentant le Credo, il m'est souvent venu à l'esprit cette réflexion : « Ce scientifique agnostique qui relit le Credo de son enfance et qui cherche à le comprendre est un baptisé. »

---

13 Le *Rituel de l'initiation chrétienne des adultes*, publié en 1972, a retenu les rites des « traditions » ou des remises du Credo et du Notre Père aux catéchumènes lorsque leur formation est achevée ou entamée.

Oui, un baptisé qui, comme bien d'autres, n'a pas vraiment reçu le Credo ou qui n'a pas accepté de poursuivre son interprétation adaptée à un adulte dans la foi.

Dans un texte d'Hippolyte de Rome, qui date du début du IIIe siècle, nous pouvons lire une profession de foi baptismale qui est l'ancêtre direct du symbole des Apôtres. Voici le dialogue qui accompagnait la triple immersion baptismale.

— Crois-tu en Dieu le Père tout-puissant?

— Je crois.

— Crois-tu au Christ Jésus, Fils de Dieu, qui est né par le Saint-Esprit de la Vierge Marie, a été crucifié sous Ponce Pilate, est mort, est ressuscité le troisième jour vivant d'entre les morts, est monté aux cieux et est assis à la droite du Père; qui viendra juger les vivants et les morts?

— Je crois.

— Crois-tu en l'Esprit Saint dans la Sainte Église?

— Je crois.

HIPPOLYTE DE ROME, *La Tradition apostolique*, 21 (*Sources chrétiennes*, 11 bis, p. 85-87).

Un Credo sans le Dieu trinitaire?

Après avoir terminé la lecture du *Dieu?* d'Albert Jacquard, j'ai eu la conviction de ne pas y avoir trouvé le Dieu en qui je crois, le Dieu de la foi chrétienne. Pourtant, l'auteur consacre des pages à l'unique Dieu, au Père, à Jésus et à l'Esprit Saint. C'est bien le Credo de l'Église qu'il commente, mais il n'arrive pas à me parler de l'unique vrai Dieu révélé en Jésus Christ. Son ouvrage pose des questions pertinentes sur Dieu qui ont suscité chez moi la réflexion, parfois de l'étonnement et, surtout, de la déception : je n'y ai pas reconnu la foi que je professe.

Qui est Dieu dans le commentaire de Jacquard sur le Credo? Tout d'abord, comme nous l'avons vu précédemment, le scientifique ne peut pas vraiment affirmer qu'existe *un* Dieu, puisque ce nombre fait problème. Être le Père n'a aucun sens, car on ne peut engendrer seul. Quant à Jésus, accepter qu'il soit le Fils unique du Père équivaut à accepter une « contradiction[14] ». De même, lui attribuer le titre de Seigneur « apparaît aussi réducteur que de L'assimiler à un bricoleur créant l'univers pour se désennuyer[15] ». L'Esprit Saint, Jacquard l'élimine en quelques mots sous prétexte de ne pas en avoir trouvé une définition dans le Nouveau Catéchisme[16].

Albert Jacquard a réussi tout un exploit en commentant le Credo sans évoquer ce que la tradition

---

14 Albert Jacquard, *Dieu?*, p. 89-91.

15 Albert Jacquard, *Dieu?*, p. 91.

16 Albert Jacquard, *Dieu?*, p. 109-111

chrétienne appelle la Trinité[17], l'unique Dieu Père, Fils et Esprit. Le Credo n'emploie pas le mot Trinité, qui n'est pas une expression biblique mais qui nous vient en grec de Théophile d'Antioche, vers les années 180, et en latin, quelques années plus tard, de Tertullien. Ce mot « Trinité » n'est pas l'un des noms propres de Dieu. Il s'agit plutôt du nom d'une affirmation de la foi chrétienne, plus précisément de l'explicitation et de la formulation de ce que les chrétiens et les chrétiennes ont toujours cru et vécu. Dès les débuts de l'Église, ils sont baptisés au nom du Père et du Fils et du Saint-Esprit. Ils sont si certains que Dieu le Père les sauve en Jésus son Fils par l'Esprit qu'ils préfèrent mourir martyrs que de renier leur foi. Ce fait incontesté par l'histoire, ne faut-il pas le reconnaître?

L'affirmation ou le dogme de la Trinité n'est pas le point de départ de la prédication et de la catéchèse, mais un point de repère utile et le résultat de la réflexion chrétienne sur l'unité dans la communion du Père, du Fils et de l'Esprit. On ne peut parler du Dieu créateur sans mentionner qu'il est le Père de Jésus Christ et qu'il vit dans nos cœurs par son Esprit. Il n'est pas possible de parler de Jésus sans faire mention du Père qui l'envoie et auquel il se réfère sans cesse. On ne peut parler de l'Esprit et de son œuvre dans l'Église et dans le monde sans reconnaître qu'il est l'Esprit de Jésus et du Père. En affirmant que Dieu est Père, Fils et Esprit, les croyants et croyantes n'ont pas

---

[17] Jacquard emploie le mot trinité (cf. p. 40), mais uniquement pour montrer qu'il s'agit d'une affirmation qui « bat en brèche » l'unicité de Dieu.

la prétention de comprendre Dieu, mais Dieu n'est plus tout à fait un inconnu pour eux, même si sa réalité dépassera toujours leur pensée et leurs mots.

Dans son commentaire, Jacquard n'arrive pas à saisir la structure trinitaire du Credo qui se rapporte à l'unique Dieu qui est communion de trois « sujets ». Le chrétien met sa foi d'abord en Dieu le Père qui est à l'origine de tout, en Dieu même et dans le monde. Il exprime ensuite sa foi en Jésus, Fils éternel du Père et fils de Marie, qui accomplit l'œuvre du salut. Finalement, il croit en l'Esprit, déjà à l'œuvre chez les prophètes, qui sanctifie et donne la vie à l'humanité. La foi chrétienne ne s'adresse pas à un Dieu en général, à une sorte de divinité impersonnelle qui serait indépendante des personnes divines, mais bien à l'unique et seul Dieu qui est le Père, le Fils et l'Esprit[18].

Il est important de souligner que la dernière partie du Credo, une sorte de « séquence », se rapporte à l'Église et à l'œuvre de l'Esprit qui se déroule dans l'Église et s'achève en Dieu. Dans le symbole des Apôtres nous disons : « Je crois à la Sainte Église catholique, à la communion des saints, à la résurrection de la chair, à la vie éternelle. » Le Credo établit une différence entre la foi qui s'adresse aux trois noms divins et celle qui se rapporte à l'Église : le chrétien croit *en* Dieu le Père, *en* Jésus Christ et *en* l'Esprit, mais *à* l'Église. Une nuance très subtile, pourrait-on dire,

---

18 Sur la Trinité dans le Credo, je suggère Henri DE LUBAC, *La foi chrétienne : essai sur la structure du Symbole des Apôtres*, Paris, Aubier-Montaigne, 1970, p. 55-130.

mais significative, car le mystère de Dieu n'est pas à mettre sur le même plan que celui de l'Église.

Peut-on demander à Albert Jacquard autant de précisions et de nuances dans son commentaire du Credo? Certes non. Et il ne se prétend pas théologien ni historien de la pensée chrétienne. C'est pourquoi il ne faut pas chercher dans son livre *Dieu?*, dans lequel il ose expliquer le Credo, une interprétation fondée et sérieuse de la foi chrétienne. Son livre suscite la curiosité, même pour le théologien, car les réflexions d'un scientifique agnostique sur le Credo ne sont pas sans intérêt. Mais les lecteurs et les lectrices se fourvoient lorsqu'ils attendent de son livre des lumières nouvelles, modernes et scientifiques sur Dieu et sur leur foi.

De Jésus Christ, apprendre qui est Dieu

Tout au long de la lecture du *Dieu?* d'Albert Jacquard, la question qui me revenait le plus souvent était la suivante : « Pourquoi l'auteur n'arrive-t-il pas à présenter le Dieu de la foi chrétienne? » La réponse m'est venue en parcourant les pages sur Jésus Christ[19]. Non seulement Jacquard apporte très peu de données historiques sur Jésus, admises par les historiens sérieux, mais il n'arrive pas à nous le montrer comme Celui qui nous dit qui est Dieu.

Jacquard réduit à l'extrême la foi en Jésus Christ. Croire en Jésus Christ, selon lui, se ramène à admettre

---

19 Albert JACQUARD, *Dieu?*, p. 79-108.

comme vrais les événements de son existence humaine tels qu'ils sont décrits dans les évangiles ou à tenir compte de son message[20]. Pourtant, par l'étude critique des documents anciens, des historiens incroyants admettent sans hésitation l'existence de Jésus, certains événements de sa vie, notamment sa mort sur la croix, et même les grandes lignes de son message. La foi ne se réduit pas à ces connaissances qui sont loin d'être inutiles; elle est la reconnaissance de Jésus comme l'Envoyé de Dieu et Sauveur du monde.

Jacquard semble ignorer le genre littéraire des évangiles. Depuis des décennies, nous savons que les évangiles ne sont pas des reportages des événements pris sur le vif, comme le font les journalistes d'aujourd'hui. Écrits par des croyants des premières communautés chrétiennes, ils sont des proclamations de foi ou des résumés de prédication, ayant pour but de susciter la foi en Jésus Messie et Sauveur. Il y a certes des souvenirs authentiques des paroles et des gestes de Jésus, mais aussi toute une interprétation à la lumière de Pâques. Lorsqu'on est familier avec le genre littéraire des évangiles, on ne cherche pas seulement à vérifier l'exactitude historique des généalogies de Jésus et on ne s'arrête pas sur le nombre de personnes rassasiées avec cinq pains et deux poissons.

Pour Jacquard, la foi consiste à « adhérer aux idées que Jésus a exprimées » et à reconnaître ce qu'elles impliquent pour le comportement de chacun[21]. Mais

---

20 Albert JACQUARD, *Dieu?*, p. 79.
21 Albert JACQUARD, *Dieu?*, p. 85.

quel est donc le message de Jésus? L'amour du prochain et l'amour des ennemis, voilà selon Jacquard l'enseignement de Jésus. Cela est vrai, mais l'enseignement de Jésus est beaucoup plus original et plus riche. Il porte principalement sur Dieu et sur son attitude à l'égard des humains.

Jésus ne fait pas connaître Dieu par de savants cours de théologie ou par des commentaires sur les livres sacrés. Il ne s'est pas tenu au Temple ou dans les grandes écoles rabbiniques; au contraire, il s'est fait prédicateur itinérant de village en village. Saint Marc résume ainsi sa prédication : « Le temps est accompli, et le Règne de Dieu s'est approché : convertissez-vous et croyez à l'Évangile » (*Marc* 1, 15). La proximité du Règne de Dieu, Jésus la connaît avec une assurance qui surprend et qui attire ses contemporains, surtout les gens simples écrasés par les pouvoirs civils et religieux. Ses auditeurs sont étonnés de son message et de la conviction de sa parole. Il parle avec autorité de Dieu qui rend heureux les pauvres dès maintenant, qui console ceux qui pleurent, qui rassasie les affamés. Voilà ce qui arrive quand Dieu se fait proche! Ce Dieu ouvre ses bras à tous, les pauvres et les pécheurs, comme un père généreux. Il est toujours à la recherche de ceux et celles qui sont perdus, comme un bon pasteur. Ce Dieu, Jésus en parle d'expérience personnelle et il n'a pas besoin de s'appuyer sur les témoignages des autres. Sa parole a la fraîcheur de la source. Non seulement il parle de Dieu, mais ses attitudes et ses gestes visent à exprimer Dieu. Son attention aux petits qu'il laisse venir à lui, sa présence aux pécheurs avec qui il mange, ses rencontres avec les malades qu'il guérit laissent entendre clairement que Dieu se fait proche des humains et qu'il les aime.

> « Aujourd'hui que la foi est fondée sur le Christ et que la loi évangélique est manifestée dans cette ère de la grâce qu'il nous a donnée, il n'y a plus de motif pour que nous l'interrogions comme avant, ni qu'il nous parle ou nous réponde comme alors. Dès lors qu'il nous a donné son Fils, qui est sa Parole, il n'a pas d'autre parole à nous donner. Il nous a tout dit à la fois et d'un seul coup en cette seule Parole; il n'a donc plus à nous parler [...] Voilà pourquoi celui qui voudrait maintenant l'interroger, ou désirerait une vision ou une révélation, non seulement ferait une folie, mais ferait injure à Dieu, en ne jetant pas les yeux uniquement sur le Christ, sans chercher autre chose ou quelque nouveauté. »
>
> JEAN DE LA CROIX, *La montée du Carmel*,
> dans *Œuvres spirituelles*, Paris,
> Les Éditions du Seuil, 1947, p. 232-233.

La source d'un tel message sur Dieu

Comment Jésus peut-il parler ainsi de Dieu? La nouveauté de son message ne se comprend que par sa proximité et son intimité avec Dieu qu'il appelle son Père. Il prononce le mot *Père* avec une grande simplicité et une grande vérité, comme si lui-même était depuis toujours dans le secret de Dieu.

Les autorités religieuses et civiles ont décidé de faire mourir Jésus, parce que son message sur Dieu ébranlait tout le système religieux du temps. Jésus ne s'est pas dérobé. Il a continué à faire connaître le vrai visage de Dieu en étant fidèle à sa mission jusqu'au don de sa vie sur la croix. En Jésus qui pardonne à ses bourreaux et qui meurt, Dieu se révèle à nous. En le ressuscitant, Dieu montre sa fidélité et la puissance de son amour. Dans la mort et la résurrection de Jésus, Dieu se fait connaître pour de bon comme l'unique et véritable Dieu.

En Jésus, Dieu se rend visible : « Celui qui m'a vu a vu le Père » (*Jean* 14, 9). La Parole de Dieu devient Quelqu'un que les humains peuvent toucher et écouter (*1 Jean* 1, 1-4). La révélation de Dieu en Jésus atteint son point culminant et nous n'avons pas à attendre une autre révélation. Dieu nous a tout dit en Jésus, son Fils unique. C'est pourquoi le cœur de la foi chrétienne est la personne de Jésus, sa parole et ses œuvres. À partir de Jésus, nous pouvons apporter la réponse la plus précise qui soit à la question : « Qui est Dieu? » En lui, le Fils unique de Dieu et l'un d'entre nous, nous avons donc la révélation la plus claire de Dieu. Tout le secret de son identité, c'est d'être le Fils en Dieu depuis toujours : « Je suis dans le Père et le Père est en moi » (*Jean* 14, 11).

Le vrai Dieu n'est donc pas solitude. En plus de nous faire connaître que Dieu est son Père et notre Père, Jésus nous révèle discrètement un « troisième » en Dieu : l'Esprit Saint. Il ne s'agit pas que d'une force ou d'une puissance divine, mais bien d'une présence personnelle de Dieu. L'Esprit vient du Père et il enseignera tout (*Jean* 14, 26). C'est lui qui a parlé par les prophètes, comme l'affirme le Credo, et qui donne la vie. L'Esprit est Dieu à l'égal du Père et du Fils, distinct d'eux mais dans une intense communion.

La place du Christ dans la foi chrétienne est unique et centrale, mais il n'en est pas le centre. En effet, sa mission et son message ne portent pas d'abord sur sa propre personne, mais sur Dieu le Père qui nous envoie l'Esprit et aussi sur nous les humains. Depuis quelques années, les études sur Jésus sont abondantes et ont suscité beaucoup d'intérêt. On a même parlé d'un « christocentrisme » de la théologie chrétienne. C'est un acquis précieux à ne pas négliger. Mais plusieurs de ces études n'ont pas fait ressortir le message de Jésus sur Dieu et sur son rapport unique avec lui. On réduit si facilement Jésus à un prophète engagé pour la justice sociale, à un chantre de l'amour et de la fraternité ou même à un réformateur de la religion. Le philosophe Paul Ricœur a rappelé l'importance de Dieu dans l'enseignement et les actions de Jésus en des termes très forts que les théologiens devraient retenir :

> Je n'hésite pas à dire que je résiste de toutes mes forces à ce déplacement de l'accent de Dieu sur Jésus-Christ, qui équivaudrait à substituer une nomination à l'autre[22].

Il ajoute :

---

22 Paul Ricœur, *Lectures 3 : aux frontières de la philosophie*, Paris, Éditions du Seuil, 1994, p. 298. Il faut lire les pages si éclairantes sur la nomination de Dieu, p. 281-305.

Si on dit que le Dieu que nous devons renoncer à connaître s'est fait reconnaître en Jésus-Christ, ce propos même n'a de sens que si, en confessant l'initiative de la parole de Jésus, nous nommons en même temps le Dieu de Jésus. L'être humain de Jésus n'est pas pensable comme différent de son union à Dieu. Jésus de Nazareth ne se comprend pas sans Dieu, sans son Dieu, qui est aussi celui de Moïse et des Prophètes[23].

En d'autres mots, plus nous devenons familiers du message et de l'œuvre de Jésus, plus nous sommes sur le chemin qui nous conduit au vrai Dieu. C'est ce même chemin qu'il faut prendre aussi pour connaître l'être humain et son destin[24].

« Nous ne connaissons Dieu que par Jésus-Christ. Sans ce Médiateur, est ôtée toute communication avec Dieu; par Jésus-Christ, nous connaissons Dieu. Tous ceux qui ont prétendu connaître Dieu et le prouver sans Jésus-Christ n'avaient que des preuves impuissantes. »

« Non seulement nous ne connaissons Dieu que par Jésus-Christ, mais nous ne nous connaissons nous-mêmes que par Jésus-Christ. »

Les pensées de Pascal, éditées par Francis Kaplan, Paris, Les Éditions du Cerf, 1982, n° 455, p 272; n° 462, p. 274.

---

[23] *Ibidem*, p. 298-299.

[24] Pour approfondir la réflexion sur la place du Christ dans l'étude de Dieu et de l'être humain, je suggère : Adolphe GESCHÉ, *Dieu pour penser*, VI. *Le Christ*, Paris, Les Éditions du Cerf, 2001, p. 21-53; Edward SCHILLEBEECKX, *L'histoire des hommes, récit de Dieu*, Paris, Les Éditions du Cerf, 1992, p. 167-284.

Dieu selon les études récentes sur Jésus

Nous devons reconnaître que la théologie classique élaborait son discours sur Dieu pratiquement sans se mettre à l'écoute des paroles et des actions de Jésus. Elle préférait faire confiance à la raison et à la philosophie. Mais depuis quelques décennies, les théologiens parlent du « Dieu des chrétiens[25] », du Dieu qui s'est révélé en Jésus Christ dans l'Esprit Saint. Ils sont convaincus que la réponse à l'athéisme ne peut être finalement que la connaissance du Dieu de Jésus Christ. La christologie, c'est-à-dire la théologie sur le Christ, est donc devenue le lieu par excellence où s'élabore le discours sur Dieu. En Jésus, se révèle le « Dieu différent[26] », différent de celui des religions et de celui des philosophies, car Dieu n'est pas l'être impassible, ni le solitaire jaloux de sa gloire, encore moins le tout-puissant capricieux, mais le Père aimant de Jésus et, en lui, de toute l'humanité. Les christologies se soucient de montrer le visage du vrai Dieu qui se révèle dans l'agir de Jésus, dans les paraboles, dans les Béatitudes et, de façon spéciale, dans sa mort et sa résurrection. Elles parlent différemment du théisme philosophique et même du strict monothéisme, car elles montrent le Dieu Trinité qui est à l'œuvre en Jésus. Il revient donc aux christologies de présenter l'événement Jésus de telle façon que le nom de Dieu puisse surgir dans leurs discours et y prendre sens.

---

[25] Voir Walter KASPER, *Le Dieu des chrétiens*, Paris, Les Éditions du Cerf, 1985.

[26] Voir Christian DUQUOC, *Dieu différent : essai sur la symbolique trinitaire*, Paris, Les Éditions du Cerf, 1977.

Même la passion et la mort de Jésus nous parlent de Dieu. Des études contemporaines sur Jésus, notamment celles de J. Moltmann, d'E. Jüngel, de J. Moingt et de J. Sobrino, ont montré que le Dieu Père, Fils et Esprit se fait connaître dans la passion et la mort de Jésus. Elles soulignent que le Dieu trinitaire n'est pas demeuré indifférent et absent à la mort de Jésus, mais qu'au contraire il s'implique et se fait connaître dans cet événement. En effet, Dieu le Père se manifeste sur la croix par son silence et par son refus d'intervenir avec puissance. En refusant de sauver son Fils Jésus de la mort par une action spectaculaire, Dieu le Père détruit les représentations avantageuses que nous avons spontanément à son sujet et il manifeste sa liberté souveraine dans le respect total de la nôtre. Selon cette approche, il n'est pas possible que Dieu ne soit pas affecté dans son être même par la mort de son Fils. La croix n'est pas seulement une affaire entre les humains et Jésus; elle est un événement où Dieu le Père montre qu'il est un Dieu d'amour et d'un amour tout à fait gratuit et libre. La révélation du vrai Dieu s'opère sur la croix[27].

Les christologies contemporaines ont le mérite d'attirer l'attention sur la nouveauté de Dieu qui se manifeste non seulement dans la beauté de sa création, dans l'intimité des consciences en recherche de transcendance, dans les victoires de son peuple élu, mais aussi dans la passion et la mort de Jésus. Pour le chrétien, Jésus crucifié est la définition de Dieu. Il s'agit

---

[27] Voir Jüngen MOLTMANN, *Le Dieu crucifié*, Paris, Cerf/Mame, 1972; Joseph MOINGT, *L'homme qui venait de Dieu*, Paris, Les Éditions du Cerf, 1993, p. 545-551; 580-621.

d'une révolution dans l'idée de Dieu : « Ou bien Jésus abandonné de Dieu est la fin de toute théologie, ou bien le commencement d'une théologie et d'une existence spécifiquement chrétiennes et donc critiques et libératrices[28]. » Ces orientations théologiques sont neuves et elles nous invitent à ne pas oublier que la question de Dieu n'est plus séparable de l'événement Jésus. Jésus ne prend pas la place de Dieu, mais il nous le montre et il nous y conduit.

Il serait éclairant de montrer comment la résurrection de Jésus nous apprend beaucoup sur Dieu. Cet événement est le point de départ de la compréhension de l'œuvre de Jésus et d'un discours inédit sur Dieu. Dans le contexte de cet essai, je ne peux me permettre de développer ce point. Je voudrais toutefois que mon interlocuteur, Albert Jacquard, et aussi ses lecteurs et lectrices, sachent ou puissent au moins soupçonner que les recherches actuelles sur Jésus nous permettent d'élaborer un discours original et signifiant sur Dieu et que l'interprétation du Credo ne peut se faire sans une familiarité avec les études récentes.

Un retour à l'Évangile

Le Credo est une profession de foi au Dieu Père, Fils et Esprit. Cette profession de foi n'a pas toutefois la « concrétude », la plénitude et la richesse des évangiles. Nous n'en saisissons toute la signification qu'en contemplant Jésus de Nazareth. Pour commenter correctement le Credo, il est nécessaire d'être des

---

28 Jürgen Moltmann, *Le Dieu crucifié*, Paris, Cerf/Mame, 1972, p. 10-11.

familiers de la Bible et principalement des quatre évangiles. C'est là l'origine et la source permanente de la profession de foi de l'Église. Les quatre évangiles nous livrent, chacun à sa manière, l'unique Évangile de Dieu qui est en définitive le Christ ressuscité. L'Évangile, c'est la joyeuse nouvelle de la part de Dieu sur lui et sur nous. Il ne se réduit pas seulement à un message ou à de belles idées généreuses, car il est « puissance de Dieu pour le salut de quiconque croit » (*Romains* 1, 16). L'Évangile est une bonne nouvelle, une puissance de vie et une explosion de nouveauté, capable de faire craquer la désespérance de nos sociétés face à l'avenir. C'est un germe puissant et efficace d'amour, de liberté et d'unité[29].

Croyants ou non, nous sommes souvent tentés de nous poser la question : « Église, qu'as-tu fait de l'Évangile? » Au moins à première vue, l'institution ecclésiale et son enseignement semblent représenter trop souvent le contraire de ce qu'évoque le mot « Évangile ». L'Église se montre si méfiante à l'égard de tout ce qui bouge et libère! La joyeuse nouvelle de Jésus s'est transformée en un corps austère de doctrines et en un enseignement loin de la vie concrète des gens d'aujourd'hui. Résultat : la tentation est grande de chercher l'Évangile ailleurs. L'engouement des nombreux lecteurs et lectrices pour le *Dieu?* de Jacquard

---

[29] Voir ces livres écrits simplement et toujours d'actualité : Bernard Sesboüé, *L'Évangile dans l'Église : la Tradition vivante de la foi* (coll. *Croire et comprendre*), Paris, Le Centurion, 1975; Henri Denis, *L'Évangile et les dogmes* (coll. *Croire et comprendre*), Paris, Le Centurion, 1974; Éloi Leclerc, *Le Royaume caché*, Paris, Desclée de Brouwer, 1987.

explique, pour une part, ce malaise ressenti à l'égard de l'Église et de son Magistère.

Mais dans son livre, Albert Jacquard est si loin du Dieu des évangiles que je ne m'y sens pas en pays de connaissance. Lorsque nous lisons la Bible, notamment les écrits du Nouveau Testament, Dieu lui-même nous apprend qui il est. Il le fait en s'adaptant à nous, en prenant notre langue. Dieu est un pédagogue hors pair. Il s'adapte tout d'abord à la mentalité d'un petit peuple qu'il a choisi, Israël. On peut être étonné, choqué même, que la révélation de Dieu se soit accomplie à travers des conquêtes, des guerres, des déportations. C'est dans ce contexte que Dieu se révèle à un peuple, s'approche de lui en faisant une alliance, se montre miséricordieux et sauveur. Toujours en quête de l'amour des humains, il est fragile et souvent blessé parce qu'il les aime. Ce Dieu « humain » est aussi le tout-puissant, maître de tout, créateur.

Jésus de Nazareth ne révèle pas un autre Dieu que celui de ses ancêtres, mais il nous apprend du nouveau sur lui. Par ses paroles et ses actions, il montre que Dieu se compromet en libérant les humains des contraintes sociales et religieuses qui les emprisonnent : « Le sabbat a été fait pour l'homme et non l'homme pour le sabbat » (*Marc* 2, 27). En laissant entrevoir son identité, Jésus apporte une lumière nouvelle sur Dieu qui est son Père depuis toujours et qui donne abondamment l'Esprit de vérité et de liberté.

Le message de la foi chrétienne, que résume un peu froidement le Credo, peut sembler très prétentieux. Il ose dire qui est Dieu alors que tous nos savoirs n'y arrivent pas. De plus, il annonce que le sens dernier de l'existence humaine a été apporté il y a deux mille ans par Jésus, un homme choisi entre des milliards, qui a mené une vie obscure presque ignorée par l'histoire mais qui est unique et d'une importance décisive pour l'humanité de tous les temps. L'Évangile, la Bonne Nouvelle pour nous aujourd'hui, vient de ce juif « qui a souffert sous Ponce Pilate ». Le Credo n'a pas retenu en vain cette donnée concrète et historique. L'événement de la mort de Jésus, presque perdu dans l'histoire universelle, nous est proposé comme un événement de salut et d'espérance. Une telle donnée de foi peut paraître exorbitante, non sérieuse et même scandaleuse. C'est la folie de la croix, si contraire à la sagesse humaine, selon saint Paul (*1 Corinthiens* 1, 18-31). Devant un tel fait, nous pouvons mieux saisir le paradoxe de la foi, qui est apparemment si éloignée de la mentalité moderne et scientifique. La foi chrétienne nous place nécessairement en présence de Dieu qui s'est engagé dans notre histoire et qui, en Jésus de Nazareth, est devenu l'un de nous. Désormais, son Évangile est une puissance divine de libération et aussi un message humain qui peut nous rejoindre, tout en obéissant aux lois de la communication et de la transmission.

Dans le contexte religieux et culturel contemporain, il conviendrait d'évoquer ici les théologies du dialogue interreligieux et du rôle du Christ dans les grandes religions et les cultures. Ces propos exigeraient des développements qui dépassent largement les limites du présent essai[30].

La communication de l'Évangile : un défi

L'ouvrage de Jacquard nous montre que la communication de l'Évangile est tout un défi. L'Évangile ne semble pas l'avoir rejoint, même s'il retient quelques bribes du Sermon sur la montagne. J'ose lui suggérer de relire l'ensemble du Sermon sur la montagne, et aussi des évangiles. On ne comprend finalement le message de Jésus sur Dieu et sur le destin des humains que lorsqu'on l'accompagne jusqu'à sa condamnation, sa mort et sa résurrection. L'amour du prochain et celui des ennemis appartiennent au message de Jésus. Jacquard a raison de le rappeler. Mais le message de Jésus ne peut être détaché de sa personne qui rayonne d'une vérité si exceptionnelle. Jésus n'est pas seulement le messager de la vérité, il est celui qui nous communique la force de vivre dans la vérité et l'amour.

Albert Jacquard, nous le savons, est un scientifique mais aussi un humaniste très engagé dans les luttes sociales menant à plus de justice pour tous les déshérités. Il met certes en pratique le message de Jésus

---

[30] La littérature est abondante sur ce sujet. Je suggère les études de Jacques DUPUIS, notamment son dernier livre plus nuancé que les précédents : *La rencontre du christianisme et des religions : de l'affrontement au dialogue* (coll. *Théologies*), Paris, Les Éditions du Cerf, 2002. Voir aussi Normand PROVENCHER, « La présence du Christ dans les religions et les cultures : vers des théologies contextuelles », dans *Pluralisme culturel et foi chrétienne* (coll. *Héritage et projet*, 50), Montréal, Fides, 1993, p. 87-106.

sur l'amour et la justice, contribuant ainsi à faire exister des humains. L'Évangile l'a déjà touché profondément, mais pas le Credo, du moins tel que je le confesse.

C'était Dieu qui priait

De plus en plus, on parle de l'absence de Dieu dans notre monde. On ne pose même plus la question de Dieu. Il est devenu une abstraction, un son privé de sens. L'être humain n'est-il pas lui aussi absent, lui qui a déserté les questions concernant sa propre vie? Avec humour, Raymond Devos nous nous décrit sa rencontre avec Dieu.

« J'ai eu la chance de rencontrer Dieu juste à un moment où je doutais de lui, dans un petit village de Lozère abandonné des hommes. Il n'y avait plus personne. Et en passant devant la vieille église, poussé par je ne sais quel instinct, j'ai vu une lumière. Intense, insoutenable. C'était Dieu, Dieu qui priait. Je me suis dit : Qui prie-t-il? Il ne se prie pas lui-même. Pas lui, pas Dieu. Non, il priait l'homme, il me priait moi. Il doutait de moi comme j'avais douté de lui. Il disait : "Oh! homme, si tu existes, un signe de toi." J'ai dit : "Mon Dieu, je suis là." Il m'a dit : "Miracle! Une humaine apparition!" J'ai dit : "Mais mon Dieu, comment pouvez-vous douter de l'homme puisque vous l'avez créé?" Il m'a dit : "Oui, mais y'a si longtemps que je n'en ai pas vu dans mon église, je me demandais si ça n'était pas une vue de l'esprit." J'ai dit : "Vous voilà rassuré, mon Dieu!" Il m'a dit : "Oui, je vais pouvoir leur dire là haut : L'homme existe, je l'ai rencontré." »

Raymond DEVOS, *Sens dessus dessous*,
Paris, Éditions Stock, 1976, p. 29.

Épilogue

Faut-il réécrire le Credo?

Dans notre modernité, la foi a besoin
de la contestation pour ne pas s'enrouer.
Accepter — à condition bien sûr qu'il ne s'agisse pas
de lassitude et de désertion —
le dialogue et la contestation, c'est accepter
par là même de trouver sa propre vérité. [...]
Toute religion qui s'incurve sur elle-même devient
barbare, et ce n'est pas sa chance,
ni pour elle-même, ni pour les autres.

Adolphe Gesché[1]

Sans mettre fin au dialogue avec Albert Jacquard et avec ses lecteurs et lectrices, le moment est venu de faire une halte. Loin de moi l'idée d'écrire le dernier mot sur la question de Dieu. N'est-il pas, selon la belle prière attribuée à saint Grégoire de Nazianze (330-390), « l'au-delà de tout, le seul inexprimable et le seul

---

[1]   *Dieu pour penser*, VII. *Le sens*, Paris, Les Éditions du Cerf, 2003, p. 139.

inconnaissable »? Nous n'aurons jamais fini de parler de Dieu.

C'est le propre d'un essai, selon *Le Petit Robert*, d'être un ouvrage traitant d'un sujet qu'il n'épuise pas. Or ce petit livre est tout au plus un essai qui laisse bien des questions sans réponse. Et ses dernières pages seront encore une question.

À l'assemblée du dimanche, lorsque nous récitons à toute allure le Credo, que mettons-nous sous les formules : « conçu du Saint-Esprit », « descendu aux enfers », « assis à la droite de Dieu »? Après la récitation du Credo, j'ai souvent été tenté de poser la question suivante : « À quoi avons-nous pensé en répétant ces mots devenus si énigmatiques pour la plupart d'entre nous? » Plusieurs n'hésiteraient pas à dire qu'il s'agit d'une langue étrangère n'exprimant plus leur foi. Le temps est venu de « faire parler » le Credo.

Chaque page de la Bible nous met en présence du Dieu qui parle : « Le Seigneur dit à Abraham, à Moïse, à Isaïe… » Il entre en dialogue avec les humains, comme avec des amis, et il attend d'eux une réponse. De même, Jésus s'adresse à la Samaritaine, à Pierre, à Zachée, leur laissant toujours de l'espace pour qu'ils puissent exprimer leur foi. Et c'est par leurs témoignages de foi que nous connaissons Jésus comme Messie et Fils de Dieu. Dieu agit et sauve par sa parole, suscitant des croyants et des croyantes qui disent leur foi en lui dans leurs propres mots. Ainsi les paroles que Dieu nous adresse dans la Bible et que nous accueillons dans la foi sont des paroles d'hommes et de femmes. La révélation est d'abord une initiative de rencontre de la part de Dieu, mais d'un Dieu qui souvent se tait afin de laisser les croyants et croyantes prendre la parole[2]. Et leur parole est marquée par la culture d'une époque.

Faire parler le Credo

Pour entendre aujourd'hui la parole de Dieu, une parole d'hier, il nous faut l'étudier, l'interpréter et la redire dans nos mots. Dès ses origines, l'Église a exprimé les interventions de Dieu et son message dans des expressions différentes de celles de la Bible pour mieux rejoindre les gens de cette époque et aussi pour exprimer de façon plus précise le donné de la foi. Ainsi sont nés les diverses expressions de la foi, les Credo, les dogmes. Cette nouveauté répond à un souci de fidélité et d'évangélisation. Le symbole des Apôtres et celui de Nicée-Constantinople disent le cœur de la foi. Mais ils le font dans le langage d'une culture et d'une époque qui ne sont plus les nôtres.

C'est pourquoi nous ne pouvons pas, si nous voulons être fidèles à la vérité qu'elles expriment, nous contenter de redire les formulations de foi du passé. À force de les répéter, nous nous éloignons de leur signification originale et profonde et risquons même d'engendrer des contresens. Or, pour bien interpréter ces formulations du passé, nous devons d'abord toujours centrer notre regard sur l'unique Évangile, une discrète mais puissante semence de vie nouvelle,

---

2 Voir le très beau livre de Charles WACKENHEIM, *Quand Dieu se tait*, Paris, Les Éditions du Cerf, 2002, et celui d'Éloi LECLERC, *Le peuple de Dieu dans la nuit*, Paris, Éditions franciscaines/Desclée de Brouwer, 2003.

et aussi sur les sillons de la terre des hommes et des femmes où elle doit germer et croître. Ensuite, nous devons prendre le risque de nous livrer à une réinterprétation des énoncés de la foi, en tenant compte de la situation historique à l'époque de leur formulation et des résultats des études sérieuses de la Bible, qui est toujours l'expression première et fondatrice de la foi chrétienne. C'est là bien plus qu'un commentaire des énoncés de la foi ou qu'une simple adaptation à la compréhension des croyants et croyantes d'aujourd'hui. Pour obtenir une réinterprétation créatrice des expressions traditionnelles de la foi, il nous faut aller plus loin et faire intervenir l'expérience contemporaine dans laquelle les hommes et les femmes d'aujourd'hui, croyants et incroyants, cherchent de quelque manière, souvent gauchement, un sens à leur existence. En d'autres mots, il est temps de faire une herméneutique des Credo et des dogmes, comme on le fait depuis quelques années pour les textes bibliques[3]. Nous oublions trop facilement que les Credo sont des textes anciens et étrangers à notre mentalité. Par une approche herméneutique, nous entreprendrons une « conversation » avec ces textes, selon l'expression si juste du théologien Claude Geffré : « Il s'agit toujours de la conversation d'un lecteur avec un texte qui me parle et qui me pose des questions. Mais moi-même,

---

3   Pour la question de l'interprétation ou de l'herméneutique en théologie, j'ai beaucoup appris de Claude GEFFRÉ, *Le Christianisme au risque de l'interprétation*, Paris, Les Éditions du Cerf, 1983; *Croire et interpréter : le tournant herméneutique de la théologie*, Paris, Les Éditions du Cerf, 2001.

je ne suis pas passif : je pose des questions au texte[4]. » Les questions varient et sont plus ou moins pénétrantes et inédites selon la densité de l'expérience vécue et l'horizon de compréhension des croyants et croyantes. Ainsi nous pourrons atteindre la vérité dont le texte ancien est porteur.

Dans des mots de chez nous

L'Église résiste habituellement aux tentatives de reformulation des dogmes et des Credo. Elle est prudente, et non sans raison. En changeant les mots, comme s'ils n'étaient que de simples revêtements d'idées, les expressions de foi peuvent prendre aisément un autre sens. Un nouveau langage de la foi comporte une réinterprétation, et ainsi le risque est grand de dévier de la visée de sens garantie par la foi de la grande Tradition de l'Église. Nous devons cependant nous engager dans ce risque si nous tenons à la vitalité et à l'actualité du message chrétien pour les gens d'aujourd'hui et pour ceux et celles des diverses cultures. Dans ce contexte, il faudra s'attendre à trouver une diversité d'expressions de foi ou de Credo qui ne mettra pas nécessairement en danger l'unité de la foi. Ne l'oublions pas, l'unique Évangile s'est transmis par quatre évangiles différents; l'unique foi chrétienne s'est transmise par plusieurs Credo dont deux nous sont plus familiers. Le pluralisme ou la diversité des confessions de foi ne sont pas toujours des menaces

---

4   Claude GEFFRÉ, *Croire et interpréter*, p. 21.

pour la foi; ce sont des manières différentes de transmettre toute sa richesse.

Depuis quelques décennies, bien des chrétiens et chrétiennes ont pris le risque de rédiger de nouveaux Credo. Le pape Paul VI nous a lui-même donné l'exemple par son Credo proclamé lors de la cérémonie de clôture de l'Année de la foi, le 30 juin 1968[5]. Ce Credo, beaucoup plus élaboré que les Credo traditionnels, nous ouvre le chemin vers la créativité. Certains s'y sont déjà engagés. Certaines de ces initiatives me semblent décevantes. Ces nouveaux Credo sont parfois révélateurs d'une approche théologique personnelle, ils reflètent une préoccupation très locale ou circonstanciée et même mettent dans l'ombre des données fondamentales de la foi. J'ai lu ou entendu des Credo qui n'exprimaient pas toute la richesse de la foi de l'Église. À titre d'exemple : l'un nomme Dieu le créateur et la source de tout, sans mentionner qu'il est le Père de Jésus; l'autre omet le nom de Marie; un troisième réduit l'Esprit à un souffle ténu et impersonnel de Dieu. J'ai aussi entendu des Credo qui expriment de manière si belle et si exacte la foi traditionnelle qu'ils m'ont aidé à proclamer autrement, avec joie et conviction, le symbole des Apôtres.

---

5   *Documentation catholique*, 65/1521, 1968, col. 1251-1258. Il est bon de relire l'homélie prononcée avant la proclamation de son *Credo* qui, selon ses mots mêmes, « reprend en substance, avec quelques développements réclamés par les conditions spirituelles de notre temps, le *Credo* de Nicée, le *Credo* de l'immortelle tradition de la sainte Église de Dieu ». Il ajoute : « L'Église, certes, a toujours le devoir de poursuivre son effort pour approfondir et présenter d'une manière mieux adaptée aux générations qui se suivent les insondables mystères de Dieu, riches pour tous de fruits de salut. »

En prononçant le Credo à la messe du dimanche, nous nous unissons, au-delà des siècles et des distances, à tous les chrétiens et chrétiennes d'hier et d'aujour-d'hui, d'ici et d'ailleurs. De plus, nous sommes assurés de ne pas manifester seulement des convictions personnelles, à la condition toutefois de viser les mêmes réalités que celles du Credo, bien que les mots ne soient pas toujours ceux d'aujourd'hui.

Le fait que nous ayons aujourd'hui de la difficulté à comprendre les affirmations du Credo n'exige pas que nous les supprimions. Il nous faut plutôt prendre le temps de les étudier et de les commenter. Ce ministère incombe aux responsables dans l'Église et aussi à tous ses membres. Mais pour y arriver, j'ose suggérer de ne pas s'arrêter au commentaire du Credo présenté dans le livre d'Albert Jacquard, intitulé *Dieu?*.

Tout en continuant à proclamer les Credo des premiers siècles, il est nécessaire et urgent que les chrétiens et chrétiennes prennent la parole. Les gens d'ici ont la réputation, du moins selon Gilles Vigneault, d'être « des gens de parole et de causerie ». Dans le domaine de la foi, ils sont trop souvent des gens de peu de mots. Durant des générations, les hommes d'Église ont accaparé la parole, qui est devenue un peu comme une chasse gardée. En conséquence, trop de chrétiens et de chrétiennes n'ont pas développé leur capacité de parler des mystères de la foi et ils ne trouvent plus les mots pour la dire. Ils sont muets. Dans nos communautés, pourquoi ne pas créer des « espaces-parole » où les croyants et croyantes pourraient discuter et échanger sur leur accueil de l'Évangile et sur leur foi en l'unique Dieu révélé en Jésus Christ? Ainsi, dans des mots de chez nous, nous pourrons entendre de nouveaux Credo, en écho avec les professions de foi de jadis.

Le S<small>EIGNEUR</small> dit :

« Sors et tiens-toi sur la montagne,

devant le S<small>EIGNEUR</small>;

voici, le S<small>EIGNEUR</small>, va passer. »

Il y eut devant le S<small>EIGNEUR</small>

un vent fort et puissant

qui érodait les montagnes

et fracassait les rochers;

le S<small>EIGNEUR</small> n'était pas dans le vent.

Après le vent, il y eut un tremblement de terre;

le S<small>EIGNEUR</small> n'était pas

dans le tremblement de terre.

Après le tremblement de terre, il y eut un feu;

le S<small>EIGNEUR</small> n'était pas dans le feu.

Et après le feu, le bruissement d'un souffle ténu.

Premier livre des Rois 19, 11-12

Pour poursuivre la réflexion et le dialogue...

Sur le Credo

CHITTISTER, Joan, *Ce que je crois : en quête d'un Dieu digne de foi*, traduit de l'américain par Albert Beaudry, Montréal, Bellarmin, 2002.

> Théologienne réputée, cette auteure a été présidente de la Conférence des supérieures religieuses des États-Unis. Son livre reprend, un à un, les articles du Credo. J. Chittister les commente, en intégrant son expérience personnelle de femme croyante et engagée.

PANNENBERG, Wolfhart, *La foi des apôtres*, traduit de l'allemand par Véronique Delhay, Paris, Les Éditions du Cerf, 1974.

> Cet ouvrage d'un théologien luthérien nous permet de découvrir la convergence de la foi des catholiques et de celle de nos frères et sœurs de confessions protestantes.

RATZINGER, Joseph, *La foi chrétienne hier et aujourd'hui*, traduit de l'allemand par E. Ginder et P. Schouver, Paris, Mame/Cerf, 1969, réédité en 1985.

> Commentaire éclairant, rigoureux et toujours actuel du Credo, écrit par celui qui dirige depuis plusieurs années la Congrégation pour la doctrine de la foi alors qu'il avait l'audace du jeune professeur.

SESBOÜÉ, Bernard, *Croire : invitation à la foi catholique pour les femmes et les hommes du XXIᵉ siècle*, Paris, Droguet et Ardant, 1999.

> Voilà un ouvrage de référence qui est indispensable aussi bien pour les croyants qui se soucient de progresser dans l'intelligence de leur foi que pour les incroyants qui souhaitent se familiariser avec la foi catholique en toute connaissance de cause. L'auteur, jésuite professeur à la Faculté de théologie du Centre-Sèvres à Paris, exprime sa pensée dans un vocabulaire accessible, en tenant compte des interrogations des gens d'aujourd'hui.

Sur Dieu

La littérature contemporaine sur Dieu est abondante. Je me limite ici à un choix de quelques ouvrages qui m'ont beaucoup apporté dans la recherche et l'enseignement de la théologie.

AUBIN, Paul, *Dieu-Père, Fils et Esprit : un insondable Amour sans rivage ni limite*, Montréal, Fides, 1999.

> Ouvrage très accessible et utile pour une initiation à la théologie de la Trinité.

BEZANÇON, Jean-Noël, *Dieu n'est pas bizarre*, Paris, Bayard/Centurion, 1996; ID., *Dieu n'est pas solitaire : la Trinité dans la vie chrétienne*, Paris, Desclée de Brouwer, 1999.

> Deux petits livres pleins de fraîcheur et utiles pour la catéchèse des adultes.

BLAQUART, Jean-Luc, *Dieu bouleversé* (coll. *Théologies*), Paris, Les Éditions du Cerf, 1999.

> Ouvrage comprenant 68 chapitres brefs qui permettent au lecteur d'entrer dans une réflexion sérieuse sur les rapports noués avec Dieu dans la culture contemporaine.

BOTTÉRO, Jean, Marc-Alain OUAKNIN et Joseph MOINGT (interrogés par H. Monsacré et J.-L. Schlegel), *La plus belle histoire de Dieu : qui est le Dieu de la Bible?*, Paris, Éditions du Seuil, 1997.

> Un spécialiste d'assyriologie, un rabbin philosophe et un théologien catholique nous entretiennent du Dieu révélé à Moïse et en Jésus Christ.

Bousquet, François, *La Trinité* (coll. *Tout simplement*), Paris, Les Éditions de l'Atelier, 2000.

> Ouvrage qui se présente comme un « manuel » utile aux étudiants qui débutent en théologie.

Dire Dieu aujourd'hui (sous la dir. de C. Ménard et de Florent Villeneuve), Actes du Congrès de la Société canadienne de théologie (coll. *Héritage et projet*, 54), Montréal, Fides, 1994.

> Des théologiens et des théologiennes d'ici tentent de clarifier un peu l'acte de « dire Dieu » dans le contexte contemporain.

Duquoc, Christian, *Dieu différent : essai sur la symbolique trinitaire*, Paris, Les Éditions du Cerf, 1977.

> Essai décapant qui montre que la « différence » du Dieu de Jésus consiste dans la révélation du mystère trinitaire. Ce discours sur le Dieu trinitaire nous libère du soupçon d'absolutisme et d'oppression qui pèse trop souvent sur l'idée de Dieu.

Gagey, Henri-Jérôme, et André Lalier, *Dieu* (coll. *Tout simplement*), Paris, Les Éditions de l'Atelier, 1997.

> Ouvrage accessible à un large public et qui donne sa pleine actualité à la question de Dieu.

Ganoczy, Alexandre, *Dieu, grâce pour le monde* (coll. *Manuel de théologie*, 8), Paris, Desclée, 1986.

> Cet ouvrage, bien documenté, nous permet de mieux connaître la pensée sur Dieu, depuis la révélation biblique jusqu'à l'époque contemporaine. Bibliographie fort utile.

GESCHÉ, Adolphe, *Dieu pour penser*, III. *Dieu*, Paris, Les Éditions du Cerf, 1994.

> L'auteur sait poser les questions pertinentes sur Dieu dans la culture contemporaine, avec la conviction que c'est de Dieu que nous apprenons qui il est.

JOHNSON, Élisabeth A., *Dieu au-delà du masculin et du féminin : Celui/Celle qui est*, Paris/Montréal, Les Éditions du Cerf/Paulines, 1999.

> Une approche théologique sur Dieu qui apporte le meilleur de la théologie féministe. Cet ouvrage remarquable contribue à renouveler le discours sur Dieu.

KASPER, Walter, *Le Dieu des chrétiens*, Paris, Les Éditions du Cerf, 1987.

> Un livre solide et très informé qui présente plusieurs aspects de la question de Dieu, depuis le problème de son existence jusqu'au dogme de la Trinité. Traité universitaire qui est une excellente synthèse, toujours très utile aux professeurs et aux étudiants en théologie.

KÜNG, Hans, *Dieu existe-t-il? : réponse à la question de Dieu dans les temps modernes*, Paris, Éditions du Seuil, 1981.

> Livre imposant (923 pages) et assez difficile qui s'adresse à ceux et celles qui veulent prendre le temps d'approfondir leur réflexion sur Dieu, en tenant compte des principaux philosophes modernes.

MOINGT, Joseph, *Dieu qui vient à l'homme*, I. *Du deuil au dévoilement de Dieu*, Paris, Les Éditions du Cerf, 2002.

> Il s'agit de la première partie d'une réflexion remarquable sur Dieu. Ouvrage difficile et documenté qui nous apporte la réflexion pénétrante de l'un des plus importants théologiens contemporains.

MOLTAMNN, Jurgen, *Le Dieu crucifié : la croix du Christ, fondement et critique de la théologie chrétienne*, Paris, Les Éditions du Cerf, 1974; *Trinité et Royaume de Dieu : contribution au traité de Dieu*, Paris, Les Éditions du Cerf, 1984; *Dieu dans la création : traité écologique de la création*, Paris, Les Éditions du Cerf, 1988.

> Les ouvrages de ce théologien allemand ont contribué à renouveler les problématiques théologiques sur Dieu et ont beaucoup marqué la théologie contemporaine, notamment en montrant le rôle de la croix dans la révélation de Dieu.

MORIN, Dominique, *Pour dire Dieu*, Paris, Les Éditions du Cerf, 1989.

> Dans une présentation simple et dans une perspective surtout philosophique, ce livre présente les questions d'aujourd'hui sur Dieu : relations entre la science et la foi, la création du monde, la liberté de l'homme face à Dieu, la providence et le mystère du mal.

RICHARD, Jean, *Dieu* (coll. *L'horizon du croyant*), Ottawa, Novalis, 1990.

> Un petit livre qui ouvre des pistes nouvelles de réflexion sur Dieu, en s'inspirant de la Bible, de la grande Tradition chrétienne et de la pensée contemporaine, notamment de celle de Paul Tillich.

VARILLON, François, *L'humilité de Dieu*, Paris, Le Centurion, 1974; *La souffrance de Dieu*, Paris, Le Centurion, 1975.

> Ces deux petits livres ont beaucoup contribué à changer notre façon de parler de Dieu, en abordant la question de l'humilité et de la souffrance de Dieu dans des perspectives proches de Maurice Zundel.

VARONE, François, *Ce Dieu absent qui fait problème : religion, athéisme et foi : trois regards sur le Mystère*, Paris, Les Éditions du Cerf, 1986.

> Pour corriger les images désastreuses qui s'attachent trop souvent à notre connaissance de Dieu, l'auteur avance une hypothèse : distinguer le Dieu de la religion et celui de la foi. Cet ouvrage courageux a stimulé bien des lecteurs à renouveler leurs idées sur la question du mal et de son rapport avec Dieu.

WACKENHEIM, Charles, *Quand Dieu se tait,* Paris, Les Éditions du Cerf, 2002.

> En nous présentant un Dieu discret et même silencieux, cet ouvrage précise et nuance notre image si habituelle d'un Dieu qui parle. Un Dieu qui se tait est un Dieu qui laisse aux humains un espace singulièrement fécond.

Table des matières

MEMBRE DE SCABRINI MEDIA

Québec, Canada
2003